米旅・麺旅のベトナム

Kimura Satoru
木村 聡

弦書房

〈カバー・表紙・本扉および本文写真〉著者撮影

目次

はじめに　6／ベトナム全図　8

＊太字は料理名、（　）内は地名

はじめに——もうひとつの瑞穂の国

主食は米だ。飯を炊いて茶碗に盛り、箸で食べる。その箸を操りすする麺類も豊富で大好き。南北に長い国土では田を耕し、稲穂がみのり、田園の景観に人はなぜだか郷愁を感じる。そんな「瑞穂の国」が日本以外にも存在する。ベトナムである。

カメラを携えベトナムに通い出してかれこれ三〇年近くになる。思えば嵐に見舞われ撮影ができない時でも、取材許可が出ずに待たされている時でも、約束がドタキャンで待ちぼうけの時でも、ようは写真を撮らずにボーとしている間であっても、飯だけは食っていた。それも一日三度。ヘタすりゃ途切れなく食いまくり飲んだくれなんて日もある。気が付きゃベトナムで膨大に飯を食い、ことさら目的としなくたってベトナムの食に関する情報が胃袋に積み重なっていた。

しかしながら、ベトナムで飯を食うことやベトナム人と食膳をともにすることは、存外、無駄なことではなかった。無駄じゃないどころか間違いなく必要で、大切で、この上なく美味しく楽しい事柄であった。この国の人々は大の食いしん坊たちだ。グルメ大国の中国やフランスと歴史的に関わった影響だと誰かがどこかで解説していたけれど、そんなの関係ない。ベトナム人のＤＮＡには「ただならぬ食欲」が古来より刻み込まれているとしか思えない。急増する訪日外国人観光客の金遣いを調べてみたら、食費の割合が飛び抜けて高いのがベトナム人だったしね。

そんなベトナムの人たちを知って付き合うには、はたまた自分のことを知ってもらい付き合うには、「食べる」行為がどれだけ助けになったかなんて、もはや言わずもがなだろう。


話を戻そう。ベトナムには主食の米を中心にした日本と似た食模様がある。そして、無類の麺好きという親近感もある。だが一方、ベトナム人は主食の米で麺を作り、酒も菓子も米を原料に多くを生み出す。米粉使いも巧みだ。ライスペーパーなんて変形米加工品もある。ベトナムは日本と同じ米多食民の国であっても、わたしたちが知らない米と麺の世界を有する「瑞穂の国」なのだ。

だからこの国の食の真髄は、日々米を喰らう風景の中にこそある。食いしん坊国家の奥義は、米の麺を含めた多彩な麺類をすする姿にこそ潜んでいる。ベトナムでベトナム人と食いすすり、飲み呑み続けたわたしの胃袋は、なんだかそう主張し始めてしまった。

さあ、だんだん腹がへってきた。ベトナムに行こう。北から南まで、〝ベトナム〟をたらふく食べるための「米旅」「麺旅」に、そろそろ行こうじゃないか。

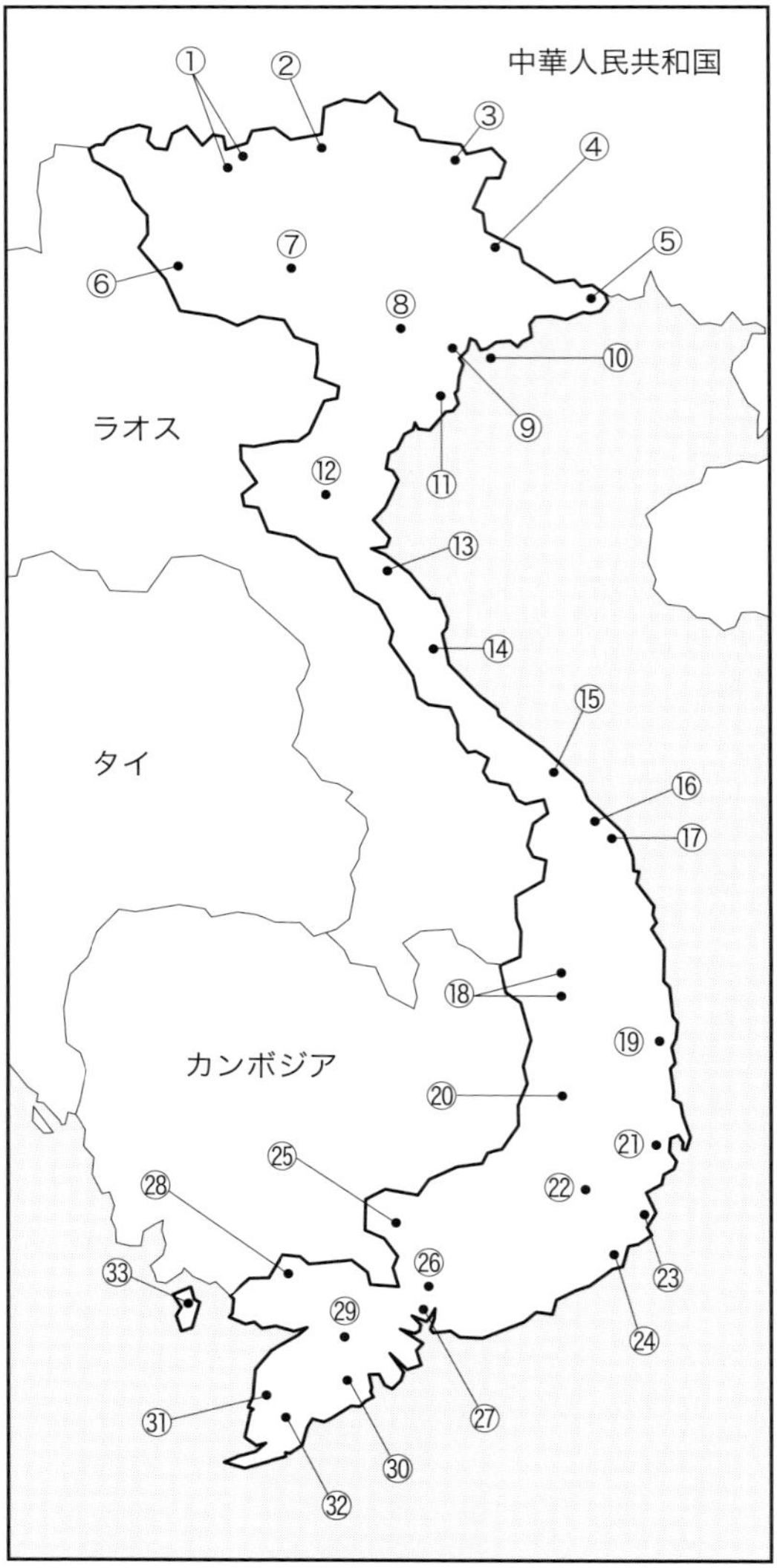

ベトナム全図

■本書に登場するおもな地名

①サパ／ラオカイ
②ハザン
③カオバン
④ランソン
⑤モンカイ
⑥ディエンビエンフー
⑦ソンラー／ファーディン峠
⑧ハノイ
⑨ハイフォン
⑩ハロン湾（カットバー島）
⑪タイビン
⑫ゲアン省
⑬ハティン
⑭ドンホイ（クアンビン省）
⑮フエ
⑯ダナン
⑰ホイアン（クアンナム省）
⑱コンツム／プレイク
⑲トゥイホア
⑳バンメトート
㉑ニャチャン
㉒ダラット
㉓ファンラン
㉔ファンティエット
㉕タイニン／クチ
㉖ホーチミン（サイゴン）／チョロン
㉗カンザー
㉘チャウドック
㉙カントー
㉚ソクチャン
㉛ウーミン
㉜カマウ
㉝フーコック島

第1章
熱帯にたなびく稲穂たち

ベトナム人の胃袋の原風景へ。
この「米と箸」の国は懐かしさと驚きにあふれていた。

白飯、食ったか

コム・チャン……………………（サパ）

ハノイ発の夜行列車を降りると、ラオカイ駅は土ぼこりの中だった。荷物を抱えた旅人に向かう客引きの群れは、誰もが「サパ、サパ」と叫んで無遠慮に近づいて来る。わたしは目が合ったひとりのセオム（バイクタクシー）に乗って、フェーン現象で死ぬほど暑い中越国境の町を後にした。

＊

ラオカイから一気に駆け上がった標高一六〇〇メートルの町サパは、もう驚くほど涼しかった。さすが、フランス人が植民地時代に開発した避暑地。そんなトレビアンな旅先で待っていたのは圧巻の棚田と畦道を歩く少数民族モンの人たちである。ベトナム人は彼らを「メオ」と呼ぶ。漢字にすると「苗」、「苗族」だ。

目の前ではその苗族の男が、土間に掘ったくぼみに火を起こしただけの〝かまど〟で飯を炊いている。奥の居間、と言っても土間とひと続きの板間だが、女が丸木をくり抜いただけの〝おひつ〟から冷飯を取り出し、その辺で遊んでいた子供たちに叫ぶ。

「アン・コム！（食事だよ）」

ついさっきわたしも同じように声をかけられた。藍染めの服に身を包んだ少数民族たちの後をくっ付いて行ったら、そう言われて家に招かれた。言葉が理解できなくたって、仕草からなにを意味するか一目瞭然だった。二本の指を口元に向けて小さく回す、まぎれもなく箸でご飯をかっ込む動作である。

ベトナム語の「アン・コム」とは、直訳すると「(炊

いた）米を食べる」だ。隣国カンボジアだと「ニャム・バーイ」、そのまた隣りのタイは「ターン・カオ」、ラオスなら「キン・カオ」、そして日本では「ごはん・たべる」。どれもまったく同じ言葉の使い方で、食べる行為全般を指し「食事をする」という意味にもなる。アジアモンスーンの国々では、〝食事〟とはすなわち〝米飯を喰らう〟ことのようだ。

旅をして、土地土地の珍しい料理、未知の食べものとの出会いはワクワクするものがある。一方、見知った食は旅人に安心感を与える。なにが起こるか分からない不安な旅路ならなおさらだ。とりあえず苦労なく食べられる、生きていける。脳の好奇心や冒険心とは別に、胃袋はちょっと保守的かもしれなくて、「急に珍しいもの入れないでくれ」とすぐにゴロゴロ、キリキリ、ビチビチ訴える。その点「アン・コム」の安心感、吸引力は、日本で食い育った者としてもう絶大なのであった。

コム・チャン（白飯）こそが主役の食卓

家の主は言葉どおり自家の棚田米とたっぷりの水を鍋に入れ、ほどなくして火にかけた。女子供が残った冷飯を食べようとする傍らで、やはりアジアモンスーンのベトナムの民は、客人のもてなしに炊き立てのご飯ということなのだろう。

米の入ったアルミの鍋から湯が吹き出し始めた。主はかまどの前にしゃがみ、薪木の炎に顔を赤橙色に染め、ただじっと米炊く鍋を見つめている。ときどき蓋を取り米をかき混ぜ、やがて鍋を傾け上澄みの湯を捨てた。「湯取り」と呼ばれる炊飯方法である。日本で一般的な「炊き干し」とは異なって、アジアの長粒米にはこのやり方が適しているそうだ。

湯気が暗い土間に立ち昇る。壁の隙間から差し込む陽の光に美しく反射した。「湯取り」はいたくフォトジェニックな風景をも炊飯現場に作り出した。

「ぱちぱち」

米を炊く鍋の音が軽くなると、主は火のごく弱い場所に鍋を移動させた。飯の炊ける香ばしい匂いが家全体に漂う。もはや視覚、聴覚、嗅覚のすべてから美味《うま》そうな炊き上がりが予感され、空腹感をいっそうかき立てる。

主は燃えさしの薪木を鍋の蓋の上に乗せると安心した

ように腰を上げ、代わって老婆が新たな鍋を持ち込む。入っていたのは水と四角く一口大に切られた豆腐。それだけ。火にかけ、沸き立って数十秒。調理はそれだけ。その湯豆腐を器に盛り、土間の隅から木製のちゃぶ台を出して上に置く。オカズもそれだけ、と思ったら使い古された洗面器がひとつ。中身は唐辛子といっしょに塩漬けされたタケノコ。発酵臭がやや鼻を突いた。食膳にはあっという間に二品のオカズが揃った。しかし、米はまだ来ない。ただいま「蒸らし」の真っ最中らしい。

「どんっ」

ついに登場したご飯は、膳の真ん中に置かれた。アルミの鍋に入ったままで、おかずを蹴散らし、「俺こそが主役だ」という顔で堂々センターの位置。蓋を外す際に舞ったのだろうか、炊き上がった白いご飯の表面には黒いススがソバカスのように散っていた。主はそんなの構わず、数本束ねた箸をしゃもじにして、ざっくり飯を返し、器に盛る。わたしの分、そして、自分の分。

よっぽど腹が減ってなければ、そんな食い方はしない。手に飯椀を持ったまま離さず、膳にも置かず、横に座った主は一気にワシワシ茶碗の飯をかっ込む。歯ごたえの

よさそうなタケノコの漬け物を一かけ口に放り込み、またワシワシ。客人には目もくれず、ただひたすらに「コム（飯）・チャン（白）」をかっ込み始めた。

苗族の米がみのる棚田

奥では子供と老婆も食事をしていた。子供は残り飯だが、こちらも手づかみでワシワシ。老婆も茶碗に口を付けて飯をかっ込んでいる。よくよく見たら、老婆の飯の上には残り飯から取った茶色い〝おこげ〟が乗っていた。どうもそれをオカズに老婆は炊き立ての白飯を食べているようだ。

ベトナムのことわざに「ヌク・マム（魚醤）は最良のオカズ」というのがある。日本人なら塩だけのオニギリを重宝がる感覚と同じ。美食とは結局単純なものに行き着くのだよ、美味いコム・チャンには調味料ヌク・マムだけでいいのだよ、なんて教え。しかし、この食卓にはベトナムでたいがい見かけるヌク・マムはなかった。代わりに塩を水に溶いた皿。山に暮らす少数民族にとってヌク・マムは高価な贅沢品なのである。彼らはチョチョッと豆腐に塩水を付けてひたすら飯を食い、それどころか老婆はご飯をオカズにご飯を食べている。飾らないシンプルさで主張する「最良のオカズ」とは、米そのものだったのかと意表を突かれた。

一心不乱で圧倒的な彼らの食いっぷりを見習って、有り難く一生懸命にわたしも飯をかっ込んだ。美味い。文句なく米がたくさん食べられる。オカズの貧しさもあるだろうが、最大の理由は米自体に食いたくなる力量があるからだ。そう、これは炊いた米を食べるための食膳、ほかでもない米こそがご馳走の、とても贅沢な膳なのである。

そして、すぐ目の前には、その食べている米の育つ風景が広がっていた。山の斜面、谷の傾斜に沿って階段状に作られた棚田。自然の起伏に合わせた畦がゆるやかなカーブを描き、一枚一枚の田んぼを切り取っている。これもまた、いっそう飯を美味くする極上のオカズだった。

モン族のルーツは中国の山岳地帯にあり、焼き畑など行い暮らしていたらしい。雲南からベトナム北西部の高地に流入した彼らの祖先は、山を拓き、棚田を作り、稲作を始めた。この地で古来より米を栽培し、米を主食にし、米と暮らしてきた民族である。いま、彼らの胃袋が作り出した風景のど真ん中にいる。朝日は生き生きと稲を照らし、夕日はハッとするような色彩を田にもたらす。降る雨は墨絵のようにすべてを淡く包み、やがて白い雲が低く垂れ込めると緑の棚田の上を滑り降りていった。何キロにも渡って繰り広げられるその壮大な米の景観に息を飲み、言葉を失い、やっぱりそれは「ご馳走」なのだと思った。

「アン・コム・ヌア!（もっと飯を喰え）」

圧倒する米たちに囲まれ、隣りでは米喰う民が米の飯のおかわりを勧めてくる。まずは米、そして米、さらに米。どうやらわたしは、そんな国にやって来たらしい。

桃源郷の酒

ズオ・ネップ・カム……………（ディエンビエンフー）

米を原料に作るベトナムの焼酎は古くから自家製がはびこる。家庭だったり街場の酒屋だったり。味わいは微妙に異なっていて、粗悪な安酒がある一方、地域や作り手によっては変幻自在の驚きの味が現れる。北に延びる街道で出会ったのは赤米で作る焼酎「ズオ・ネップ・カム」だった。宿場町の夜、絶品の密造秘酒に乾杯！

*

国道六号線をハノイからひたすら西に行く。目的地はディエンビエンフー。先は長い。日が暮れて辿り着いた町ソンラーだって、行程の半分に満たない。とりあえずは宿探し、と思って街角に立つとどうも様子がおかしい。人がいすぎる。目立った宿はもうどこも満室状態。この日のこの町には、すでにたくさんの先客がいた。

いったいなにがあるんだと疑問を抱きつつ安宿を探していると、答えは満室の宿の玄関先に置いてあった。競技用自転車、である。先客たちは自転車ロードレースの選手や関係者たちで、大きな競技会を行っている最中とのこと。ハノイをスタートし、ゴールはディエンビエンフー。数日かけ各ステージで競う、旧宗主国で盛んな「ツール・ド・フランス」なんて自転車レースといっしょだ。国内外からいくつものチームが参加しているので、一〇〇人規模の大所帯が連日移動するらしい。地方の中規模都市で観光客もそう訪れないソンラーにしてみれば、いっぺんに来られるとちょっとアタフタ、ややパニックになる人数だったのかもしれない。

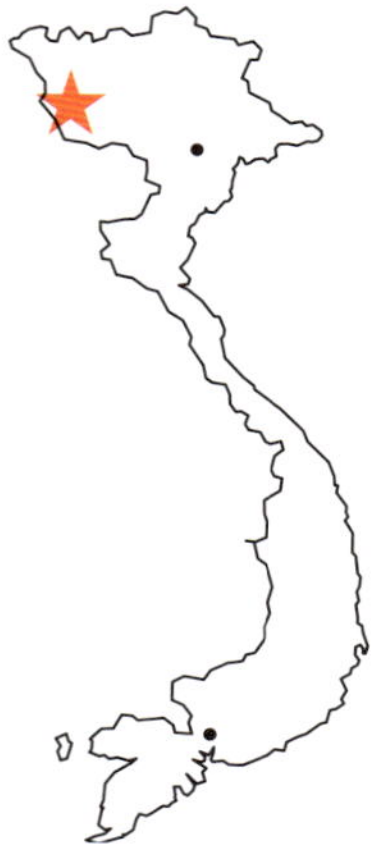

事実、自転車チームに押し掛けられた「コム・ビン・

ザン（大衆食堂）」はテンヤワンヤだ。ここでの先客はわたしなれど注文は後回し。そうなればテンヤワンヤの勢いで知らんぷりして自転車野郎の宴席と合体だ。

「チュック・スック・ホエー（健康を祝して）」

定番の乾杯のかけ声もそこそこに、彼らとの酒の飲み方は「モッ・チャム・フン・チャム」になった。言葉を訳せば「百分の百」。つまり手元の酒を全部干す一気飲みである。参加者全員で一度に、または相対する人同士で、または盃ひとつでまわし飲みしたりする。当然、したたかに酔う飲み方である。しかもこの宴では多勢に無勢。順繰りにそれぞれと「百分の百」を続けていると、わたしだけ激しく酔わざるをえない飲み方になった。飲み物はビールから透明な焼酎に変わる。満たされたコップの酒を半分だけ飲み、

「モッ・チャム・ナン・ムイ（百分の五〇）にしよう」

と小声で言う者もたまにいるが、たいがいはテンションョン高く、

「ホン・サイ・ホン・デン（酔うまで帰るな）」

なんて酔っぱらいのお決まり言葉だって飛び出す。あらあら明日のレースは大丈夫なのかいと心配して見回す

と、とっくに若手選手たちは帰っていて、監督なのかコーチなのか、自転車に乗らないおっさん連中だけが残って楽しい宴が深夜まで。

峠の先で待っていた赤い酒

起きたら昼だった。ソンラーの町は静かだった。自転車レースは早朝にスタートしたそうで、自転車野郎はもう誰もいなかった。関係ないと分かっちゃいるが、なんだか置いてきぼりをくらった気分。ちょっと寂しい。

この自転車レースはベトナム近代の歴史と関わりがあった。一九五四年五月七日、植民地支配していたフランスの軍隊を打ち破った「ディエンビエンフーの戦い」の、その補給路とコースが重ねられていたのである。〝赤いナポレオン〟ボー・グエン・ザップ将軍が指揮し、激戦の末に勝利した戦争。特に、ソンラーの先に待ち構える難所ファーディン峠を数千人の自転車部隊が越え、人力で大砲を引き運んだ話は伝説的。当時の道のりを辿る今回のレースは、戦時の苦労をしのび、抗仏戦勝なん周年かを記念しての大会だと、たしか前夜、酔っぱらいたちに説明された記憶が残る。

ソンラーでもう一日費やし酔いを醒まし、いよいよわたしもファーディン峠へ。最高点は標高一六四八メートル。約三〇キロの急なつづら折りの道が続く。狭い道幅で路肩はほぼなく、すぐ横は深い谷。一歩間違えば落ちて死ぬ。平和な時代の自転車レースだとしても、相当に過酷な山岳ステージになりそうだ。レースには峠の途中で遭遇できるかと期待もしたが、自転車野郎たちを見ることなく下山。ようやく眼下に集落が現れ始めた。

広がる水田では少数民族が田植えをしていた。太陽を反射させ美しく輝く稲田。野花咲く畦道を艶やかな民族衣装の人たちが歩く。岩山と谷ばかりの峠を越えたら、そこには桃源郷があった。

小さな宿場町タンザに先客はいなかった。今夜はゆっくり大衆食堂で飯が食える。店の奥にはひとりの地元客。裸電球の下でなにかを飲んでいた。しばらくすると少数民族らしき店の主人が、その地元客が飲んでいるものを持ち寄り見せる。

「自家製の焼酎ですが、よろしければ」

うれしそうな顔をして、手には汚いペットボトル。中は赤い色をした酒が入っていた。赤米から作る「ズオ・ネップ・カム」という焼酎だと教えてくれた。

ベトナムでは米を使った蒸留酒、つまり米焼酎を造る。なんだ日本と同じだね。違いは、麦や芋など原料のバリエーションに富む日本に比べ、ベトナムではほぼ米。だけどそこは米大好き国である。ウルチ米、モチ米、古代米など、米そのものの違いで見事に味に変化をつける。

赤米は野生種に近い、いわゆる古代米。ズオ・ネップ・カムは赤米のモチ米で仕込み、さらに赤米を漬け込んで熟成させる。タンザオで出された自家製というか、少数民族が密造した赤米の焼酎は上等な紹興酒のような、でもワインに似たフルーティーさも持ち合わせる、なんともはや刮目すべき酒だった。たちまち五〇〇ミリリットルのペットボトルは空いた。独り酒。手酌酒。相手がいない「モッ・チャム・フン・チャム」で、しみじみと桃源郷の夜は更ける。

北の街道を往く

ハノイから北にはいくつか街道が延びている。それぞれ首都と国境近くにある大きな町を結んでいて、ラオス国境のディエンビエンフーに向かうこの街道のほかは、中国国境のラオカイやハザン、カオバン、ランソンなどに続く道だ。

街道を往く旅は道草が楽しい。宿場町でのグルメ的出会いがあれば、なおさら楽しい。さらに山間部へのこれらの道は周辺にさまざまな少数民族が暮らしているので、彼らの珍しい飯を食えるのも、また北の街道ならではの楽しみ。

お気に入りは竹筒飯「コム・ラム」である。十分に水に浸したモチ米を若竹に詰め、蓋をし、火で炙って作る米料理。中の米は竹の香りを移しながら蒸され、竹筒の形のまま棒状に仕上がる。これを竹を剝ぐかトントン端から出して、ゴマや砕きピーナッツに塩を混ぜたものを付け食べる。北へ西へと延びる街道はタイ族、ザオ族、ヌン族、ムオン族など、住む民族の色合いが沿道ごとに異なるのだが、民族によらず山岳地方の人々はこの竹筒飯を好んで作るようだ。そもそもコム・ラムは彼らが山に入るときの弁当か携帯食のようなもの。米さえ持って行けば、そこらに生えている竹を切ってどこでも調理が

できる。料理道具を現地調達する山の民ならではの知恵であり、抜群に美味くするところがすこぶるアッパレなベトナムの民なのである。
コム・ラムは宿場町で腰を落ち着け食べるのも悪くはないが、街道の茶屋でいくつか買い込み、道すがらかぶりつくのが好きだ。さしずめ円柱オニギリ。移動しながら食べるというのもまた楽しい。ところで六号線。こうして街道を喰い進んでいるうちに、ついにラオス国境に近いディエンビエンフーまで到着してしまった。どこで行き違ったのだろう、ソンラーを出発してから自転車レースの人たちに会うことがなかった。
しかしながらすぐ翌日、山に囲まれた盆地の町は朝からざわざわ。街道から続くメインストリートに横断幕やら巨大な立て看板が並び、たくさんの人だかりができ、その前を自転車野郎たちがなだれ込んで来た。ファーディン峠越えを果たした自転車は見るからに痛み、選手たちは泥まみれだったけど、みんな喜びのゴール。ここは勝っても負けても、たぶん祝杯は「モッ・チャム・フン・チャム」だ。五月七日のディエンビエンフーは、夜を待たずしてしたたかに酔いつぶれるのであった。

ベトナム人がもっとも食べる麺とは

ブン……………………………………（モンカイ）

日本ならラーメンがよく挙げられる。カレーライスがそう呼ばれることもある。俗に言う「国民食」。だが、なかなか難しい存在だ。必ずしも伝統食とか、もっとも食べている料理ではなかったりする。考えればラーメンは中華、カレーもインド由来。では、ベトナムの国民食って何だろう？

＊

「ブンならあるよ」

ベトナム最北東、中国と国境を接するモンカイ。夜遅くにやっと見つけた飯屋へ駆け込んだら、もう炊いた米が無くなったとツレナイ。オカズもたいして残ってなくてセツナイ。よっぽど悲しい顔をしたのだろうか、飯屋のおやじは仕方ねーなーといった様子で厨房に向かい、まだ残っていたものでなにか適当に作って食わせてくれるらしい。

出されたのはイカの煮付けとキャベツ炒めと「ブン」。ブンは麺だが、これがご飯のようにどんぶりに盛られオカズを乗っけられ、見た姿はまるで〝丼物〟だった。麺は冷たいまま。だいぶくっつき固まった状態。煮汁がかかった部分はほぐれるが、ツルツル食べるというより、箸で固まりのまま持ち上げ口に運ぶ感じ。ブンは色も白いし、米から作っているので、なんだか冷やご飯を食べてるように思えてきた。しかし、この有り合わせの〝イカ丼〟が想像以上に美味《おい》しくて、一気に平らげ、どうもごちそうさまでした。

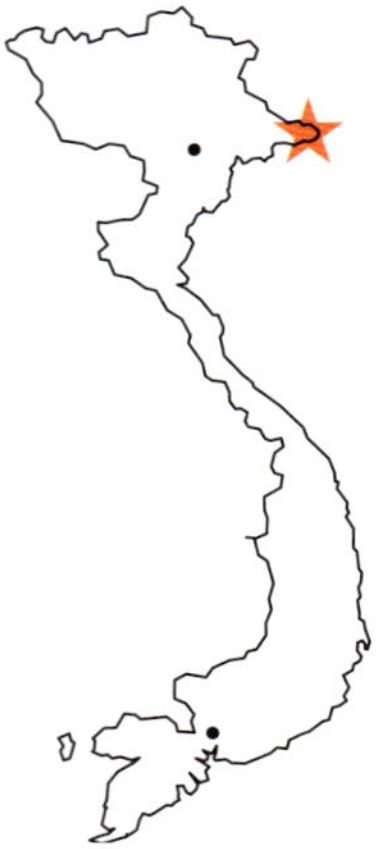

米のご飯の代わりに主食がブン。そんな経験は珍しい

ことではなかった。

ブンの山からあたかもご飯を盛りつけるように麺を茶碗に取り分ける。固まりにハサミを入れ食べやすくしたりもする。あとはオカズをすくい取り、汁物をかけ、普段の米食と変わらない食べ方。農村や田舎の家庭ではけっこう出会う食のパターンだ。麺屋に入っても、ほかの麺はないけどブンはある、そもそもブンしか置いてないなんてのは多くて、こちらも地方の小さな町に行けば行くほど目立って増える。

見方を変えれば、ブンはベトナムのどこにでもある麺で、比較的お気軽に食べらるということ。ベトナムの国民食は何かと尋ねたら、ひょっとしたらこの国の人は別の米の麺「フォー」と答えるのかもしれない。けれど、まんべんなく全国で食べているのはブンだ。

そして、こうして当たり前にあって便利な存在になってしまうと、どうも皆さんありがたみを忘れるらしい。「ああブンね」ってな具合で、ブンの前では誰も騒がず冷静なまま。ブンの麺そのものはもはや料理のカテゴリーではなく、ご飯に近い意識なのかも。だからフォーより圧倒的に食べる機会がある麺なのに、やっぱりベト

ナムの人たちは「国民食はブンだぜ！」とは熱く語らないような気がする。

オバマが食ったブン料理

熱くなくても麺料理ブンを語ろうと思い、ではどの地域、どの町の味を選ぶべきか考えた。ところが、なにせどこでも食えるもんだから、結論は「どこでもいいや」。ならばあえて遠く、モンカイで食べたブンのイカ丼風のご紹介とあいなったわけだが、けっしてブンを軽んじて投げやりで決めたメニューじゃない。有り合わせで適当に仕上げる、とてもブンらしい特別感がない特別な食体験。しかし、親しき仲にも礼儀あり。いきなり裏メニューだけでは失礼なので、以下はちゃんとしたブン料理のメニューである。

海に面したモンカイ周辺は魚介類が美味い。コウイカ、スミイカの類いもよく取れ、一期一会のイカ丼じゃなく、イカ団子を入れたブンの汁麺が日常では食べることができる。ブンはあくまで麺であり、やはり麺料理としてのオーソドックスな形は温かいスープと合わせたものだ。

ブンの汁麺には特徴的な食材や調理法を用いて「ブン・〇〇」と名が付く料理は少なくない。このイカ（ムック）の団子入りブンだって「ブン・ムック」と言えなくもない。が、名前はどうでもいいのである。なにかの汁にブンを沈めて一丁上がり。ベトナム各地のそんな名もなきブン料理がブンならではで、ブンらしく美味い。

さらなるブンらしさは、つけ麺やタレと和え食べる麺になることだ。こちらは料理名をちゃんと書いて看板に掲げる店は多い。

まずは「ブン・チャー」。焼いた豚つくねと、青パパイヤのスライスなどが入った汁に麺を付け食べる。豚肉の脂のジューシーさと、つけ汁の甘酸っぱさがほどよく融合。さらに青パパイヤの歯ごたえ。さっぱりいくらでも箸が進む。北部ハノイが有名で、ベトナムを訪問（二〇一六年）したオバマ米大統領もハノイでこの庶民派麺を味わっている。ちなみにオバマが行ったブン・チャー屋は彼が来店以来、観光バスも横付けされる超人気店に。いまハノイで「ブン・チャー・オバマ」と言えば誰でも分かって、この店に連れてってくれるだろう。座って「ブン・チャー・オバマ」と注文すれば、きっとただの「ブン・チャー」が出てくるはずだ。

同じ甘酸っぱい汁をブンにぶっかけ、そこに揚げ春巻きなんかが乗ってれば「ブン・ネム」、炒めた牛肉にオニオンチップが乗ってれば「ブン・ボー・ナン・ボー」になる。つけ麺タイプとはやや趣が異なり、香草といっしょに混ぜ合わせ食べるブンも熱帯アジア的で美味い。

つけ汁の味付けをヌク・マムではなく、エビの発酵調味料「マム・トム」にするのが「ブン・ダウ・マム・トム」。ベトナムの豆腐「ダウ・フー」を揚げて、ブンといっしょに食べる。ここでは強烈な匂いと強烈なうま味を持ち合わせるマム・トムが必須。食べれば分かる。この組み合わせはクセになる。

すっぱい麺の秘密へ

ブンは断面が丸い麺だ。のした生地を細く裁断する製麺方法ではなく、ドロドロの米粉汁を穴の開いた容器に入れ、トコロテン式に湯の中に押し落とす製法に由来する。湯の中で踊り仕上がるのは穴の形状どおりに丸い、茹でた麺。ブンはベトナム全土で食べられている麺だか

Heineken
ORANGIN
ORANGI
ORANGI

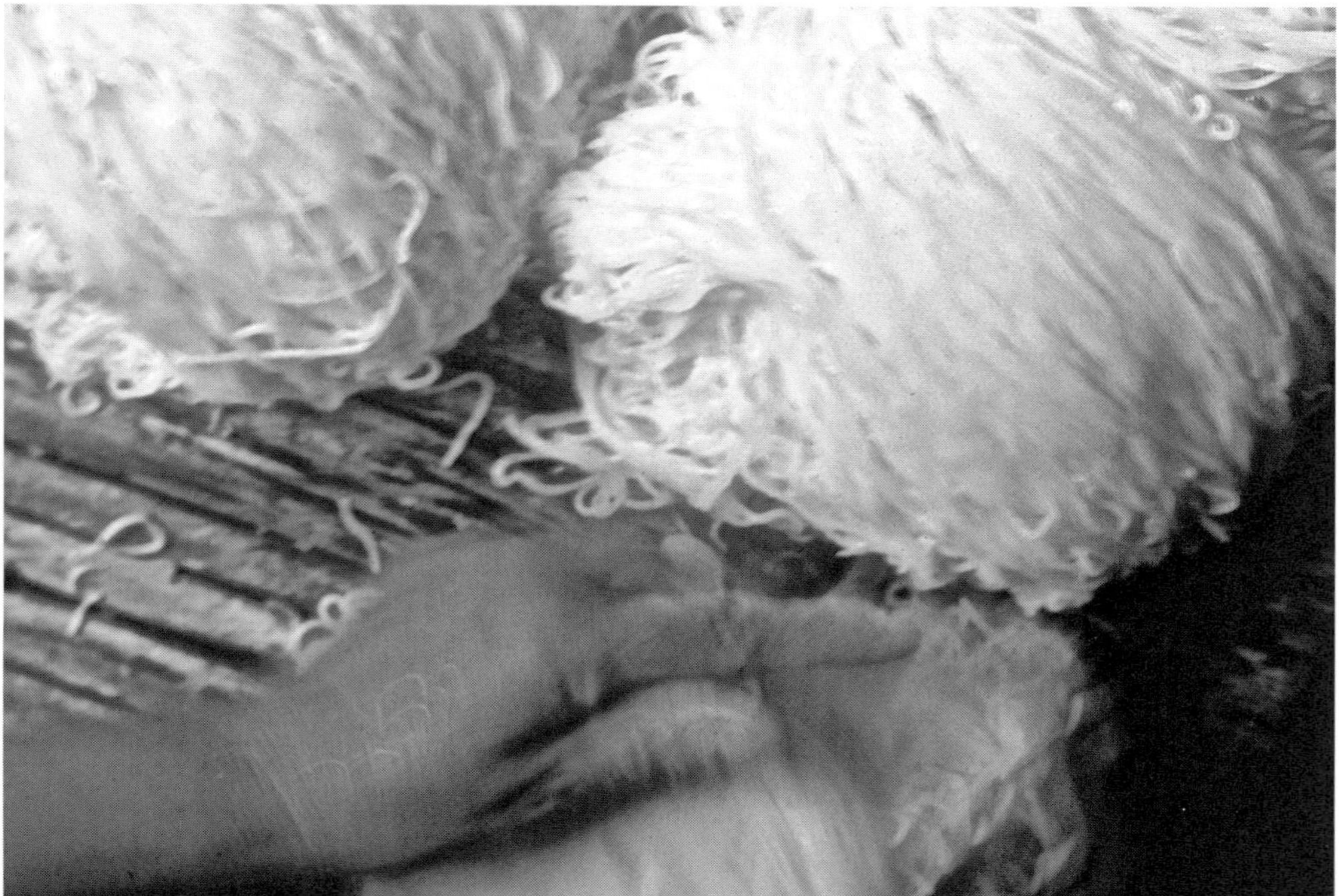

ら、こうしたブン作りが盛んで多くの人が生業にする地域、集落、村、家も全国各地に散らばっていて、それぞれの場所でそれぞれ技を凝らした名物とか特産と呼ばれるブンがある。

ハノイ郊外にもブンの麺製造を代々受け継ぐ集落があった。地元の人いわく〝ブンの村〟。そこで聞かされた言葉は目から鱗が落ちる新鮮さだった。

「ブンは酸っぱいから美味い」

確かにブンは同じ米麺フォーに比べて酸っぱい味がする。市場で放置され時間が経って、きっとスエちまったんだろう程度にしか思ってなかった。ましてや「酸っぱい」が美味いなんて感じたこともなかった。しかしながら、ブンの村の作り立てブンは、温かい汁麺にして食べたら清々しく美味い。酸っぱさが深い味わいに繋がっている。目の鱗は再び落ちまくり。

秘密は発酵だった。湯に落とす前のブンの米粉汁は、米粉を水に溶く場合もあるが、米を浸した水ごと粉砕する「水挽き」が主流。どちらもすぐに麺にするのではなく、数日そのまま寝かせる。その間、原料の米溶液にはゆるやかな発酵が起こる。微生物の差配によって麺の味に加わる酸味とうま味の微妙な変化。これこそがフォーやほかの麺とは異なる、真の〝ブンらしさ〟なのかもしれない。

ブンの村の近くには、近年、ミーディン国立競技場という巨大スタジアムが建設された。サッカーの国際試合がたびたび行われ、付近はベトナム版フーリガンもバイクに乗って駆けつける場所になった。ベトナムの人たちのもっとも好きなスポーツはこのサッカーだ。ベトナムには伝統的な武術もあるし、羽根付きシャトルを足で蹴り合う「ダーカウ」もよく行うが、植民地時代に伝えられ、海外試合のテレビ中継も日常的に観ることができるサッカーが今では大人から子供まで夢中になる〝国民スポーツ〟。ベトナム代表がミーディンスタジアムで勝利した日には、熱狂した観客が大騒ぎして死者が出たこともあった。

そんな〝国民スポーツ〟の熱狂のすぐ横で、ブンは慌てず騒がず、多くのベトナム人に食べられるために日々淡々と酸っぱく熟成されていた。〝国民食〟などと熱く標榜せず、それはそれはブンらしく。

飲み食いする路上の娯楽

バイン・クォン…………………（ハノイ旧市街）

ハノイ中心部のホアンキエム湖のまわりが、週末限定で歩行者天国になった。数年前から試験的に始まった施策だが、市民に大好評でドッと人が繰り出す。でも、ちょっと待ってくれ。使える路上がこんなにあるのに、天秤棒の食べ物売りがいないゾ、低い椅子テーブルを並べて食いまくる風景も見当たらないゾ！

＊

開放された車道と歩道では、伝統楽器ライブの文化活動系、縄跳びやベトナム将棋の遊び場系、ただ語らい散歩するブラブラ系など、人々はさまざまな娯楽を楽しんでいた。当たり前だが自動車、バイク、シクロ（自転車タクシー）の乗り入れは禁止。駐車もできないので、たまたま歩行者天国区域の入り口近くになった民家や商店は、臨時のバイク預かり所を開業してプチ儲けの週末に変わった。

ほかにも当局が定める禁止事項は多々ある。ゴミのポイ捨て、動物の放し飼い、排泄、賭博、飲酒。ついでに湖の周りだから遊泳と釣り。行商も露天商も許可制で、通行の妨げになると椅子を並べての飲食は〝指導〟される。なるほど、禁止しないで放っておくと、こうした行為が横行するということか。

しかし元来、ベトナムの路上とは捨てた残飯を犬があさり、酔っぱらいがカード賭博をし、誰かがしゃがんでフォーを食い、誰かが生きた雷魚を置いて売るところだった。バイクが行き交うすぐ横は食堂になって、子供の風呂場、床屋、バドミントンコート、ときに便所にも

なる。茶の間も家の外だ。人々は朝から晩まで路上に出て世間話をし、食い、笑い、くつろぎ、ことさら歩行者天国にしなくたってそこはイキイキした空間だった。

多かれ少なかれアジアの路上は人間の暮らしが散ばっていた。かつて日本にも似た風景があったのだろう。だが、現代の東京の路上は拾い食いしたって腹を壊さないほど清潔だ。シンガポールは整備されたフードコートに屋台飲食店を集めて〝路上〟はビルの中に押し込められた。ベトナムのホーチミン市でも同じく中心部で始まった歩行者天国は飲食、物売りが完全禁止。都市の近代化とはそういうものなのか、不自由が増えて楽しさが減ったなあと勝手に思いながら湖の北側へ歩くと、一転して食べる人間が路上を埋め尽くしていた。そうさそうこなくっちゃ、この国じゃ路上とは飲食する場所、飯を喰らうことこそが最大の娯楽なのさ。

巨大なビアガーデンか飲茶屋か

ホアンキエム湖に隣り合う「ハノイ旧市街」にもホコ天は広がっている。ここでは路上の飲食も出店もゆるやかに可能らしく、それどころか禁止されていた深夜十二時以降のレストラン営業が解禁。ここぞとばかりに店は外へ外へと椅子を出し、週末夜の路上は客で埋め尽くされるようになった。いつの間にやら安宿が並び、バックパッカーたちが集まり始めた旧市街エリア。路上の客に外国人観光客は多い。長い足を窮屈そうに曲げ、低い椅子に座っていたドイツ人の一団は、ベトナム製生ビール「ビア・ホイ」片手に楽しそう。

「これはオクトーバーフェストだ」

と母国で開催される九月末のビール祭りさながら、通り全体がビアガーデン。でも、盛り上がる彼らのテーブルにはたいしたツマミがない。欧米人は会話がツマミなのね。あたりにはベトナム人の若者グループがいる。見るべきは彼らの食っているツマミだ。美味そうな、そうそうここでも目に付く米のメニュー。

細かく切ったライスペーパーにスルメイカや野菜を混ぜた、なんだか生春巻きをバラしたようなサラダ。肉まんの具材を米粉の皮で包み揚げしたものは、定番の揚げ春巻き「ネム・ザン」とは違って大きく厚く食べ応えがありそう。干した牛肉を千切りにした青パパイヤと和え

たツマミも、生唐辛子のピリ辛でビールがすすむ。これはパパイヤが細くて長くてまるで麺料理のよう。米ではない、もう一つの好物の世界である。

ハノイ市当局は当初、歩行者天国では伝統芸能などの文化活動を奨励、促進を目指していた。しかし、蓋を開ければ劇団パフォーマンスより、飲み食いという娯楽に人々は群れた。これまでは衣類や雑貨の路上販売も盛んだったが、皮肉にも道路の行き来がままならなくなり、食い物客は買い物客をも駆逐。「商売上がったりだよ」なんて土産物屋が声を上げても、散らばる路上の食欲を前に打つ手なし。

さて、週末の夜限定の新しい娯楽風景とは打って変わって、平日の昼間はというと今までどおり。路上にはたくさんのバイクが往来し、あちこち天秤棒が食べ物を売り歩き、歩道や路地にはいい匂いが渦巻いている。昔からこの街に存在する「食べる＝娯楽」はちゃんと健在だった。

なによりの悦楽は昼下がり。昼飯と晩飯に挟まれた小腹が空く時間帯。娯楽の奥義とは、こうした隙間にこそ宿るものなのかもしれない。

「ドォ〜フ〜〜」

間延びした売り声で天秤棒が「豆腐花」を担いで来た。鍋に入った温かい絹ごし豆腐をすくって、生姜シロップをかけ食べる甘味。花びら入りが嬉しいハノイ風である。「ちまき」売りが後に続く。葉っぱにくるまったモチに、細かなエビが入っていた。今度は前を「胡麻団子」が通り過ぎる。外の皮には白胡麻、中のあんは黒胡麻。揚げ立ての熱々。おっと、あなたは「バイン・ドゥック」ですか。ドロドロに溶けた雑煮のようで、スプーンですくって食べる。ああ、気付けばなんだかまた米に戻っちまった。午後のハノイ旧市街。そこはお祭り気分のビアガーデンから、いつのまにやらまったりした〝飲茶屋〟となっていた。

朝飯はツルリンと「バイン・クォン」

約千年前に都が置かれて以来、人が働き住み続けているのがハノイの旧市街である。計画された都市ではなく、そこに暮らす人間の都合に合わせ絶えず変化してきた場所。道は迷路のように入り組み、建物は上へ横へと増築を繰り返し、一見ごちゃごちゃしているようでも一定の秩序を生み出してきた。街は複雑怪奇な生きものごとく息づき、ことさら食い飲む路上なんかにいると、街全体が巨大な胃袋のようにも感じた。

そんなハノイ旧市街で昼と夜を喰らい、そしてまた朝。満腹続きのこの街でのスタートには「バイン・クォン」が食べたい。米粉汁をクレープのように蒸して、上から豚ひき肉、キクラゲなんかをパラパラ散らして巻いたもの。ヌク・マムのタレに付けていただくが、これが寝ぼけた胃にツルリンと心地よく滑り込む。バイン・クォンは朝しか出さない店も多く、早起きしてでも食べたい朝飯のひとつだ。

ただ、毎日毎日ツルリンが続くのもなんなので、今朝はズズッと麺類にしようという気分になった。歩いていたら路地の入り口で商う小さな店を見つけた。ガラスケースに麺と具材を並べ、寸胴鍋の横におばちゃんが鎮座し、二～三人掛けの木製椅子がL字型に囲む。扱っているのは鶏肉乗せ米麺「フォー・ガー」。座って食べ始めようと箸に手を伸ばすと、スッと斜め前に座っていた御老人が手渡してくれた。

「シンモイ（どうぞ）」

彼は焼酎を飲んでいた。至福の表情で穏やかな雰囲気。朝から最高の娯楽、である。

食べているツマミはと見ると、わたしと同じくどんぶりに入ったフォー・ガーなのかと思いきや、器に麺が入ってない。ほぐした鶏肉（ガー）にたっぷりネギを加え、麺料理に使っているスープとペースト状の唐辛子を少々。これはいわゆる「抜き」だ。日本のそば屋でいう「天抜き」とは麺がない天ぷらそばを指すが、御老人が食べていたのはまさに「ガー抜き」だった。オツである。イキである。そば屋で「抜き」を肴に徳利を傾ける渋い大人は憧れである。はたしてベトナムに「抜き」の慣習があるのかどうかは疑問だけれど、路上屋台での御老人の「抜き」飲みは、朝のハノイの下町でしっとり絵になる大人の姿だった。

御老人は箸に続いて、飲んでいた自身の盃を手渡した。「ちょっと付き合え」ということらしい。嬉しくご相伴にあずかる。でも、そんなことならわたしも「抜き」を注文したのに。

民族を鍛えし水田

ガオ…………………………………（タイビン）

ベトナムには二つの大河が流れる。北のホン川と南のメコン川。それぞれは流域に肥沃な三角州を作り、多くの人間がそこに暮らし、稲作を始めた。膨張するハノイとサイゴン（現ホーチミン市）の人口を支え、胃袋を満たし、アジア有数の巨大都市に成長するには、大河とデルタがもたらす恵み「ガオ（米）」なしにはあり得なかった。

*

二つの大河には大きな違いがあった。南部のメコン川に比べ、北部を流れるホン川はたいそう氾濫する〝暴れ川〟だったのである。洪水のたびに田畑は流れ、甚大な人的被害が起き、人々は命と食糧生産を守るためにこの大河と対峙する必要に迫られた。

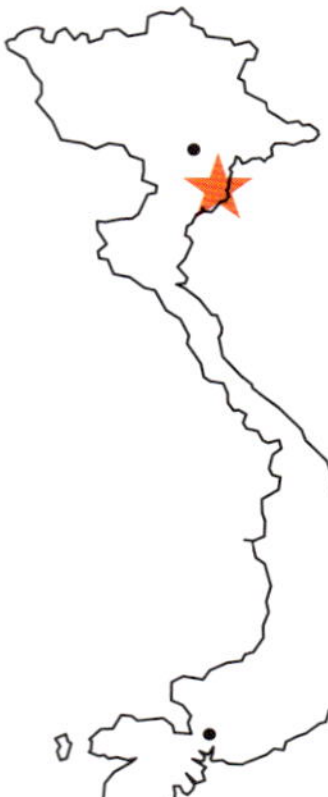

ホン川流域のデルタ地帯は、ベトナム最多民族のキン族（ベト族）が集落を作り始めた場所だ。彼らはほかの少数民族に先駆けこの稲作適地に住み着き、陸稲から収量の多い水稲栽培へと転換。同時に川の氾濫に備え堤防を築き、灌漑用水を整備し、新たな水田を開墾したのである。知恵を絞り工夫すること、力を合わせ団結すること。そうして繰り返す暴れ川との戦いで鍛えられ、自然に立ち向かう術を学んだ稲作民は、やがて社会システムを高度に組織化し、政治化し、他民族を圧してベトナムという国家を作っていく。

米作り集団キン族はホン川デルタから北中部の平野や南部メコンデルタへと居留地を拡大させた。現在、ベトナムの人口の約九割は彼らキン族が占める。そして、農村にはいまもって八割が住み、六割が稲作中心の農業に

従事する。

この国ははるか昔の成り立ちから圧倒的に農業国家だ。昨今ベトナムが紹介されるたびに目にする「オートバイの波」や「都会の喧噪」はむしろ特殊な風景。ベトナムのほとんどは〝農〟の風景の中にあり、大多数がそこで米を作り食い暮らしている。

だから、ベトナムの変革はこれまで農村から起こった。経済成長をもたらした政策「ドイモイ(刷新)」も始まりは農村だった。社会主義体制下で進められていた国営集団農場での生産システムを、農民たちが少しずつ解体することで生まれたものだ。

ベトナム戦争後、南北が統一された国家で農村は生産力を低下させていた。集団農場ではいくら働いても決まった収入にしかならず、農民はわずかながら自由耕作できる土地に生産意欲を注いでいたからだ。一方、一部の農村ではある試みがなされる。集団農場の土地を農民に再分配し、一定量の米生産を請け負わせる代わりに、余剰分は農家個々の収入として認める措置。この「生産請負制」で次第に農村は活気を取り戻す。一九八〇年代に入ると政府と共産党は全国各地で生産請負制を導入。

窒息寸前の社会システムが市場経済へとまさにドイモイ（刷新）される第一歩は、農村発の出来事だった。

ホンデルタの憂鬱

ハノイのノイバイ空港に降りる直前、上空から見るホン川は名前が示す紅（ホン）色よりは、鮮やかさのない赤茶けた土の色を帯びていた。両岸には田園が広がり、雨季にさしかかった流域一帯はすべて川と同色の水に満ち満ちている。デルタは田植えの季節らしい。ここでは二期作が中心である。人が増えたので年二回、米を作らなければならないのか、どんどん米を作るから人が増えるのか。首都ハノイはもちろん、よりホン川下流のフンイエン、ハイズオン、タイビン、ナムディンなどの各省は、省単位なら国内でダントツに人口密度が高い。そして、ここはホンデルタの一大穀倉地。米の多収穫エリア。多くの人間と養う米があることは間違いはない。

地上に降りタイビン省へ向かう。省都タイビンから海寄りにあるタイトゥイも、植えたばかりの苗が水田に青々と並んでいた。訪ねた農家は米屋も営んでいて、店には「ガオ」と書かれた札と米袋。炊いた米が「コム」なら、「ガオ」とは食材としての生米を指す。だから、米屋が売るのは「ガオ」。産地や種別をガオに付ければ「○○米」なんて表示になる。だが、そんな腹を満たす景観とは反対に、農民の男は声をひそめ話し始めた。

「暴動には三〇〇〇人集まりましたよ。村に住んでるのは五〇〇〇人だから、老人と赤ん坊のほかはみんな来た。別の村からの四〇〇〇人の野次馬もいたけど」

ドイモイが始まって一〇年ほど経ったこの時期、タイビン省各地で「暴動」が散発していた。暴徒化した農民が役場に押しかけ、警官や役人を軟禁し、農具を手に道路を封鎖する事件だった。男によれば、タイトゥイの暴動は地元役人の汚職に対しての抗議だったという。

「農道整備で集めた金を役人が横領した。米の価格は上がらないのに、あいつらは高い税金を取り立てる」

ドイモイを生み出した農村では米の収量は増えたものの、国によって米の買い取り値段は低く抑えられ、生活は生産増に見合うほど向上していなかった。食糧不足を解消し、米の輸出国に転じてもなお貧しさから脱しきれない農民の不満。暴動の背景には活性化する市場経済と

8000
5000
NẾP NGỖNG
6000
TRẮNG TÉP
3000

は遠距離に置かれた農村の現実があった。

政府は事態の収拾に国家主席が直接タイビン省を訪れるなど、非常にナーバスな対応を見せた。さらに農村の抗議という「下からの民主化」の声を受け、地方行政に住民参加と監視ができる制度整備にも乗り出す。それはドイモイをより加速させる「上からの民主化」。またしても農村発の変革だった。

大衆が国に異議を申し立てたり、抗議運動するのはベトナムでは異例のことだ。しかし、まれに、ただ常に、農民の暴動は起こる。二〇一七年にもハノイ近郊の村で農民一万人が警察官らを人質に村役場へ立てこもった。土地収用を巡る抗議の〝百姓一揆〟だったが、原因となった土地の売り先が携帯電話会社なのがちょっと現代的。ドイモイ政策が導入されて三〇年になっても農村は国を揺さぶる。いやいや建国以来ずっと、水田はベトナム社会を変える震源地なのである。

緑米アイスを手に掲げて

ただ、普段のホン川デルタはのどかだ。タイトゥイの農村を歩いていたら、のんびり自転車を押し歩くアイスクリーム屋が通りかかった。バニラ、チョコ、イチゴ味なんかがあるらしく、では一番人気をくれと頼んだら緑色したアイスを手渡された。

「はい、コム味です」

それはコム入り、つまりは「米アイス」である。この「コム」はまだ未熟な緑色のモチ米を、煎って潰してフレーク状にした加工米。よくベトナムでは甘い食べものに使う。アイス以外にもこねて団子や、練乳と氷とシェイクした「シントー」にもする。どれも緑鮮やかな見た目にきれいなスイーツだ。

コムアイスは食べるとことさらご飯の味がするわけではなく、丸みのある甘さだった。ベトナムの人たちはご飯由来の、この独特の甘さや香ばしさがきっと好きなのかもしれない。もしくは、米ならなんでも、どんな形になっても好きなのか?

ハノイのチャンティエン通りに面したアイスクリーム屋は、古くからこのコムアイスで人気を博している。首都の中心部にあって目と鼻の先はハノイオペラハウス。一九四五年八月にホー・チ・ミンが「独立と自由ほど尊

いものはない」と演説し、ベトナムの独立宣言をしたその場所だ。そう言えば、この演説の中でホー・チ・ミンは北部デルタの稲作地で起きた事柄に言及している。

「二〇〇万人の同胞が餓死した」

第二次大戦中に日本軍が仏領インドシナに進駐し、フランスと日本の二重支配を受けていたベトナムでは、独立宣言の前年に大量の餓死者が出ていた。主な要因は天候不順による凶作。加えて米の供出を日本軍に強いられ、深刻な米不足に陥ったからとされる。タイビンの農民の男はその当時についても細かく語ってくれた。

「この辺では米を入れる麻袋を作るため、田んぼでジュート（黄麻）の栽培をさせられた。だから食べる米がなかったのです」

自身の父親や村の農民が力を合わせ、飢えと困難をしのぐ姿を彼は見ていたそうだ。

「人は食べるためには一生懸命に戦うものです」

今回のタイビンで起こした暴動もそれと同じだと彼は言って、今度は声をひそめたまま笑った。

第2章

喜びも悲しみも米とともに

どんなときにも米がある。
食膳から眺める米喰らう人生の物語。

武骨な麺は忖度しない

フォー……………………（ハノイ）

ベトナムの代表的な麺料理「フォー」。本場はどこなのかとかというと北部、それもハノイということでベトナム人の間でもコンセンサスが取れているようだ。そんなフォーの本場ハノイからやって来た偉いお役人さんは、南部サイゴンの店で出されたフォーにどうしてもイチャモンを付けずにいられなかった。

＊

わけあってベトナム国家の官僚と仕事をすることになった。ハノイの中央官庁で働く役人。場所は北部ではなく南部。どうも気がすすまない。予感は的中し、のっけから横柄に威張り散らす。わたしに対してではない。わたしが話を聞く人たちに向かって、

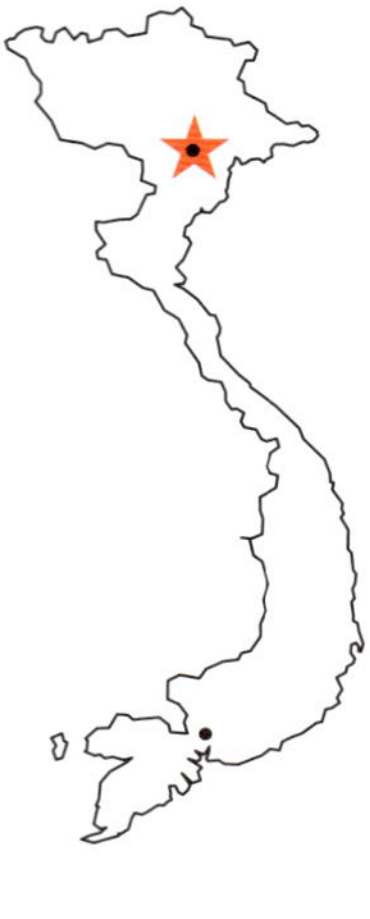

「外国人には正しいベトナム語で話しなさい」

などと、南部方言を使う市場女性の受け答えに彼は駄目を出しまくった。たとえば、空芯菜売りが「ラオ・ムン」と言えば「ザオ・ムン」に、トウモロコシ入りおこわ売りが「ソイ・バップ」と言えば「ソイ・ゴー」に直され注意が飛ぶ。わたしが横で「ヤーヤー（はいはい）」と頷いていたら、ついに、

「あなたの言葉は南部で、本当は違う。ヤーではなくバンのほうがよろしい。あと、ここはサイゴンではなくホーチミンです」

と苦い顔をされた。南部の人はホーチミン市のことを懐かしみを込め統一前の名称「サイゴン」とよく呼ぶが、それも気に入らないらしい（本書では南部の人が「サイゴン」と話す時などには「サイゴン」を使用）。彼はなにかと北部

と南部を比べ、北部が優れていると言いたがった。極めつけはいっしょに昼飯を食べていた時である。

「甘い。こんなのは本当のフォーじゃない」

独りごちではなく、店員を呼びつけそう告げて、なにかの調味料を持ってこさせた。この人は筋金入りだ。おそらく彼は立派なエリート。五〇歳過ぎでハノイに住み、なにやら高い役職にも就いているそうだ。民を見下す役人の特権意識と南部人を卑下する北部人気質を併せ持ち、さらには大のアメリカ嫌い。9・11の同時多発テロについても「自業自得です。ざまあみろ」と吐き捨てた。たとえベトナム戦争体験者であっても、いまどきそうは見ないベトナム人である。毎日のように食べる好物は空芯菜のニンニク炒め「ザオ・ムン・サオ・トイ」。これと米の飯だけで食事は十分であると、生活も食も贅沢を好まぬ清貧の人物だった。

彼が「本物じゃない」と嫌ったフォーは、鶏ガラを使ったスープで言うほど甘いわけではなく、南部らしいすっきりコクのある味だと思った。ただ、北の味付けよりは甘いだろう。おおむね南の料理は砂糖を使う頻度も高い。アジアの途上国が経済成長とともに砂糖の輸入と消費を

増やす中、なによりそれを使って増加する甘さが豊かさの象徴だと指摘する人もいる。ベトナムは豊かになった。統一した南部でフォーは甘くなり、戦争を知らない子供たちが美味しいと食べている。ハノイで育った彼にとって甘いフォーとは、過去をないがしろにする〝堕落〟の味だったのかもしれない。

主食の米で麺を作る

北のフォーは武骨だ。スープは牛の肉と骨をひたすら煮込み、パンチのある濃厚なだしを取る。こってりしつつも透明で澄んだスープにするには使う部位の工夫と、炊く火加減に技術が潜むという。麺に絡む骨太のうま味。脂の〝あまみ〟はあっても、まろやかさを醸す砂糖的甘味は見当たらない。それが北部の、特に本場とされるハノイのフォーだ。

南部流はここに、南部言葉で言うところの「フン・クエ（バジル）」、「ゴー・ガイ（のこぎりコリアンダー）」といったハーブ類、さらに味噌調味料なんかを自分で入れ味を膨らませる。他方、ハノイなら小ネギが散らされ運ばれるだけだ。卓上に追加の香草はあまりなく、入れたければ唐辛子に酢漬けニンニクがあるぐらい。出されたら出されたまま食え、店が仕上げた味を真っすぐに食え、あれこれいろいろするな、ライムは絞っていいけど、というのがハノイの流儀らしい。愚直で喰う者の顔色をうかがわないフォー。でも、薄ら寒いハノイの冬。このガツんと力強いフォーをすすると、なるほど、体の奥のほうから温かくなってシミジミ美味いと感じる。

麺はハノイでは生麺が普通だ。作り方は水挽きした米を適度に水と混ぜ、生地にのばし、蒸し、細く裁断する。同じくベトナムの代表的な米麺「ブン」は茹でた丸麺だが、フォーは蒸した平麺になる。使う米はウルチ米。いつも食べているご飯と同じ。ベトナム人は米を炊いて食べるだけでは飽き足らず、粉にして、麺にして、形を変えてでも絶えず主食を味わっている。

しかし、簡単じゃないのは米粉が小麦粉に比べ麺になりにくい点だ。最大の理由は、小麦にあるグルテンのような〝つなぎ成分〟が米にはあまり含まれていないから。フォーは加水加熱することでデンプンが糊化（アルファ化）し、粉がくっ付きまとまり麺成形が可能になる。

また、グルテンは強い粘りと弾力を生み出すが、米の〝糊《のり》〟は結合力が弱い。だからフォーは食べてもあまり歯ごたえ、コシがない。同じく麺好き国民のイタリア人や日本人が重要視する麺のコシ。悲しいかな米を原料にした麺作りには、どうしたってこのコシの欠落は避けて通れない。それでもこの国の人は主食の米で麺を完成させた。ベトナム人は麺に滑らかさや、しなやかさや、スベスベツルツル感を求め、米から生み出されるこの麺ならではの美味しさにこだわった。武骨なスープに浮かぶ白く美しい絹のような麺。そんな一杯のフォーを見ていると、米の麺を作る苦労、注いだ愛、主張、生きざままでが映り込んでいる、かもね。

〝あいびき〟して食べる

フォーは大きく分けて「フォー・ボー」と「フォー・ガー」の二種類がある。原則は、牛（ボー）ベースのスープに牛肉をトッピングのがフォー・ボーで、鶏（ガー）ベースのスープに鶏肉をトッピングするのがフォー・ガーらしい。けれどもボーのスープでガーを乗せたり、その反対も多い。一軒で両方出す店ならスープはまずいっしょで、めんどくさい原則はなおさら無視される。

ならば具材の違いで注文。「フォー・ボー・タイ」は半生の牛肉乗せ。「フォー・ボー・チン」はよく火を通した牛肉乗せ。ほかにもフォー・ボーには牛のスネ肉や臓物、肉団子が入ったものがあって呼び分けもする。最近ハノイで目にしたのが「フォー・ソット・バン」。固い牛スジ肉なんかをワインで柔らかく煮込み、具やスープに使う。西洋料理のビーフシチューを想起させるが、ハノイの武骨なフォーの基本は外さず、澄んでいてしっかり味で、白い米の麺とも抜群に合っていた。

ハノイではフォー・ガー専門の店はやや少なく、細かな肉部位を指定する種類分けも見かけない。本場での本流はやはりフォー・ボーだ。そして、ハノイッ子に聞くと、それぞれに美味いと自慢するご贔屓フォー屋、フオー・ボーの一杯がある。スープが絶品の店、具材にこだわる店、ひと味違う自家製麺の店などなど。かく言うわたしにも好きな老舗フォー・ボー屋がハノイにあって、無性に「今日はどうしてもそこのファーじゃなきゃ」と走り出す夜もある。なんだかこのシチュエーション、日

本のラーメンに似てないだろうか。町にあふれる専門店に自分好みの味。こだわりやうんちくたっぷりの店主や客たち。人気店はメディアにも紹介される。

「フォーは愛人です。本妻はコム（ご飯）」

まさかあのハノイの役人からこんな言葉を聞かされるとは思わなかった。「愛人」なら甘くたっていいじゃねーかとも思ったが、あくまで彼は「ご飯は家で食べるもので、フォーは外で食べるもの」という、食習慣の違いを説明するためベトナムの俗言を持ち出しただけだった。たとえ方がセクハラまがいだって、そこは彼には関心ない。一般的にフォーは家庭で作らず外食が中心。いつもの食卓ではなく、フォーは出かけて店で食べるもの。話し終えた彼はどうだ分かりやすいだろといった顔をして、珍しく表情を崩しなんだか悦に入っていた。

ついでに。一二月一二日は「フォーの日」である。なぜか日本にも同様の「フォーの日」があって、四月四日。実は制定されたのは日本のほうが二年以上早い。仕掛けたのはどちらも日本のインスタント麺メーカーだ。本場ハノイを離れ、日本へ世界へ広がる国際派麺フォー。その味は甘いのか辛いのかしょっぱいのか、いかに。

難民が愛した黒い麺

バイン・ダー…………（ハイフォン）

ハイフォンは不思議な町だ。北部を代表する都市なのに、不思議と南部の気配が漂う。不思議なカフェに不思議なシクロ（自転車タクシー）に、不思議な噂が沸き起こって人々が海に乗り出したりする。そして、「バイン・ダー」。ハイフォンとその近郊にしかない、ちょっと黒い色をした不思議な麺である。

＊

日本と同じくベトナムも南北に長い国土を持つ国。北海道と沖縄が異なるように、やはりベトナムの北部と南部では気候風土がだいぶ違っている。加えて国家分断の歴史をたどったベトナムだから、政治的、文化的、人柄的気質の南北ギャップを感じることもままある。いや、けっこうある。

あらためここでベトナムの南北考察を始めると膨大になってしまうので、異論はあろうが誤解を承知で言い切ると、北部の人や町は「陰」で「静」で「重」、南部のそれは「陽」で「動」で「軽」。代表的な都市で比べれば、思慮深くしっとりとしたハノイに、開放的でカラッとしたホーチミンといったところか。

さて、ハノイのすぐ東に位置し、北部第二の人口を有する港町ハイフォン。ここはどう考えても「北」の文化圏のはずだ。しかし、訪れると落ち着いた雰囲気も内向きの暗いイメージもあまりない。確かに天候はジメジメ暑くハノイに似ているのだが、人々のたたずまいはどちらかと言えば開放的で明るい。火炎樹の赤い花の盛りなんかは町は華やかにはじけ、行き交う人からもなんだか

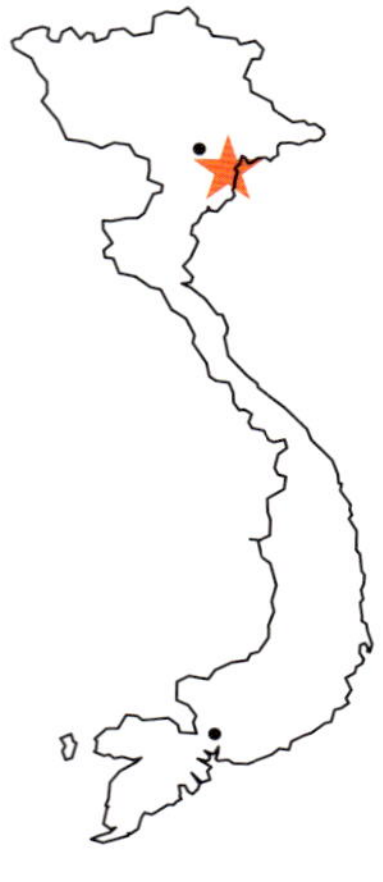

南部的あっけらかん気質を感じてしまう。

町中のカフェだってイスを外に向けた南部スタイルが目に付く。走るシクロも細長くて肘掛けのないタイプ。座席が広く木製肘掛けが付いたハノイ仕様ではなく、南部ホーチミンの型に近い。ハイフォンを離れればすぐにどちらも北部スタイルに戻るので、どうやらハイフォンだけが特別のようだ。重い雲が垂れ込める北の空の下に、ポツンと「南」の雰囲気が存在する、どうにもハイフォンは不思議な町だった。

天秤棒が聞いた不思議な噂

ハイフィンの市場近くで麺料理「バイン・ダー」を売って暮らしていたトアンは、ある日その話を聞いた。

「日本に行けば定住できて働ける。強制送還されたって、日本政府から援助金二〇〇〇ドルがもらえる」

不思議な町ならではの妙な噂が、少し前のハイフォンに広まっことがあった。出どころは不明。広まっていたのがハイフォンと隣の漁村ドーソンに限定されていたこともまた不思議だった。そして、結果なにが起こったかというと、この二つの町から大挙して日本にベトナム人がやって来た。ビザもパスポートも持たず、ボロボロの改造漁船に乗って。

ベトナム戦争時でも中越戦争時でもなく、前触れもなく唐突に出現した大量の〝ボートピープル〟だった。ただ、漂着した日本で彼らは政治難民ではなく、就労を目的にした経済難民であると認定された。そうなればただの不法移民だ。日本での仕事も、政府からの援助金を手にすることもなく、ほどなく全員がベトナム本国に送還されることになった

「一生懸命に働いたってどうにもならない。こんな国なら捨てざるを得なかったのよ」

トアンはそう振り返る。彼女は噂を耳にするやいなや、子供を残して海を越えようと決めた。自身のためではなかった。貧しさゆえ学校にも通えない二人の子供のため、親である自分がまずは国を出る必要があったのだと難民になったわけを話す。

ドイモイ（刷新）政策による経済発展がベトナム国内であまねく人々を豊かにしているわけではなかった。天秤棒の物売りトアンもまた、ドイモイとは無縁の暮らし

だった。一方で、「国を捨てた」ベトナム戦争時の難民が、ドイモイのおかげでどんどん祖国に戻って来ていた。異国で成功し大金を持って帰る「越僑（ベトキョー）」たち。彼らの姿はトアンにとって夢の実現に見えた。たとえ危険な旅であっても、そこには今よりよっぽどマシな生き方があるように思えた。

しかし、ボートピープルになった彼女はなにも得ないまま日本から強制送還された。そして、送り返された母国でトアンに待っていたのは、いっそう過酷な生活だった。帰国後、かろうじて働いていた市場での仕事ですらままならなくなった。役人や警察からは犯罪者扱いされ、商売場所の立ち退きなどの嫌がらせが続いた。天秤棒の商売仲間は陰口を言い合い客を奪っていく。国を捨てた者に対し、国に残った者の感情は〝嫉妬〟と〝正義〟の間でせめぎあう。

「前だって家族が一日食べる分を稼ぐのがやっとだった。だけど、今はそれもできない」

そうトアンは言う。いっしょにいた同じ貧乏長屋のおばちゃんたちも、いたく残念そうに続ける。

「この人が作るバイン・ダーはそりゃもう美味しくて、評判だったんだよ」

褐色のライスペーパー麺

「バイン・ダー」とはハイフォンのご当地名物麺料理。思えばこれも不思議な代物である。

いわゆるライスペーパーは南部では「バイン・チャン」と呼ばれるが、ここ北部は「バイン・ダー」との呼び名を使う。基本的には同じもの。そして、ハイフォン周辺は「バイン・ダー」が麺料理の名前にもなっている。

理由はバイン・ダー（※注、麺料理）がバイン・ダー（※注、ライスペーパー）から作られるからだろう。ライスペーパーは米粉汁を蒸し、乾燥させて作るが、完全にパリパリに乾く前に細く裁断したものがバイン・ダーの麺になる。ただ形状は切り方によっても変わるらしく、麺の幅がいろいろあるところもバイン・ダー麺の特長かもしれない。

さらにユニークなのは、バイン・ダーの麺の色がこげ茶から黒色をしていることだ。幅広の黒い物体が汁に浸かってうねっている様子は、食べ物としてはちょっと不

思議な見た目になる。
色あいの正体は煮詰めたサトウキビの汁。つまりは砂糖を加熱し焦がした「カラメル」である。プリンの上がちょっとだけ黒い、まさにあれ。ライスペーパーにカラメルを混ぜ、それで麺を作ろうなんてどうして思いついたのだろう。でも、食べるとほのかな風味やコクが加わって、これがなかなかよろしい。苦みも甘さもなく、半乾燥させたライスペーパー由来のコシも感じる。特に田ガニをミソごとすりつぶして具とスープを作る「バイン・ダー・クア」は麺との相性が良く、行くと無性に食べたくなるハイフォンの定番品だ。
不思議な町にはこの不思議な麺のほかにも、不思議と細長いバイン・ミー（バケットサンド）も名物になっている。たまたま屋台のバイン・ダー屋に座って前を見たら、その「バイン・ミー・クエ」が売られていた。ちなみにクエは小枝。クアはカニ。さらに目を見張ったのが、店にいた若い奴らがバイン・ミー・クエを買って、バイン・ダー・クアの汁に浸したり、ふわふわした田ガニの具をすくって食べていたこと。やや不思議なお手前ながら、ハイフォン名物の共演に是非わたしもトライと〝小

枝〟を買って手にしたら、

「そんなバカなことするな」と店のおばちゃんに嗜められてしまった。やはりハイフォンは不思議だ。

そういえば、難民になったトアンが作るバイン・ダー・クアは、なによりこの田ガニの具が絶品なのだと、本人も集まっていた近所の人たちも口をそろえていた。

「次に来る時はあなたの作る美味いと評判のバイン・ダー・クアを食べてみたいですね」

なんてことを言って彼女の家を後にした、と思う。しかし、それからなん度もハイフォンに行き、なん度もバイン・ダーを食べる機会はあり、その度に市場にトアンの姿を探したりするのだけれど、彼女に出くわすことはなかった。それどころか路地裏にあった彼女の家を訪ねたら、一帯が再開発されたようで見知らぬ新しい街になっていた。

天秤棒たちの貧乏長屋があったあたりには屋台のバイン・ダー屋が路上で営業していた。注文すると美味そうなバイン・ダー・クアが出てきたが、トアンという名の達人の作り手がいたかどうかなんて、誰に聞いても知らなかった。

川じゃなくて海の魚なのだよ

スイ・カオ……………………（ハティン）

ベトナムでいまもっとも本場の中華料理が食べられる場所は中北部のハティン省かもしれない。理由は台湾系企業が当地に大型製鉄所を建設していて、大陸出身者を含む華人労働者がわんさかやって来ているから。ここでは米粉皮のベトナム流餃子「スイ・カオ」ではなく、小麦粉皮のモチモチ水餃子「スイジャオ」がしっかりと食えたりするのである。

*

国父ホー・チ・ミンの生まれたゲアン省を南に進み、革命の英雄ボー・グエン・ザップ将軍の故郷クアンビン省へと抜ける途中、ハティン省のごくごく狭いエリアに中国語がかたまって並んでいた。

ホテルやレストランといった観光向け案内よりも、むしろ雑貨屋や遊技場や大衆酒場などの生活感ある場所に、急ごしらえの手書き看板があふれる。薬局前に置かれた「バオ・カオ・スー」とのベトナム語看板にも漢字が添えられていた。ここでは男性用避妊具も中国人顧客への売れ筋商品らしい。薬局の隣りは飲食店。店頭に掲げているのは美味そうな漢字。女店主から声がかかる。

「台湾で教えてもらった餃子ですよ。しばらく出稼ぎに行ってましてねえ、お手伝いさんをしていた家のおばあさんから徹底的に仕込まれました。そうです。本場の家庭の味です」

その隣りの店には「四川」の文字が見えたので、麻婆豆腐や火鍋も捨てがたいと思ったけれど、店先で量り売りしていたベトナムの生ビール「ビア・ホイ」との合わ

雲呑
BÒ KHO
牛腩
SỦI CẢO
水餃
SƯỜN KHO
明記麵家
MINH KÝ
MÌ GIA

せ技で、今宵は餃子にしよう。

「ベトナムのスイ・カオじゃないよね。中国の餃子なんだよね」

あらためて念押しして待つ。なにしろ本場中国では餃子というと水餃子であって、厚めの皮にこそ美味《びみ》がひそむものだから、米粉皮のスイ・カオではないと胸を張るこの店の期待は大である。ベトナムの人は米を使って美食を作り出す天才たちだが、ここは透明プルプル食感のスイ・カオでも、ピラピラのワンタンみたいなスイ・カオでもなくて、モチモチ皮でしっかり肉汁を閉じ込めた餃子がぜひに食いたい。

路上にまで椅子とテーブルを広げる半オープンエアーの店だった。日が暮れるとあたりは労働者風の男たちがそぞろ歩き、巧みに中国語を操る女店主の店には中国人客が多く出入りしていた。行き交う中国語に漢字の看板、店の奥では家族が車座になって餃子のあん包みをしている。いったいここはどこなんだ。北京の胡同か、台北の夜市か。

運ばれた餃子はというと、期待どおり、いや、期待以上だった。そして、翌日に行った麻婆豆腐も本格的な痺れる辛さで、こちらも期待以上。ありがたや、中国系労働者たちよ。経済効果もさることながら、彼らが来たことで出現した本場の味は、ベトナムには嬉しい「恩恵」。しかし、恩恵があれば失うものだってある。それは恩恵の代償というにはあまりに過酷な食への仕打ちであった。

鉄か魚か、どちらか選べ

この製鉄所はベトナム初の大型高炉で、世界最大級の鉄鋼生産をもくろむ国家悲願のプロジェクトだ。ハティンに誘致され、台湾企業が建設した。しかし、本格稼働前の二〇一六年四月、製鉄所近くで魚の大量死が見つかる。その後、被害はハティン省を起点に南の沿岸二〇〇キロ以上、四つの省に股がるまでに拡大。海岸に多種多様の魚が死んで打ち上がり、クジラまで報告された。

地元では製鉄所の敷地から海中への不審な排水が多数目撃されていた。すぐに原因は製鉄所にあると考えられたが、企業も政府も魚の大量死と工場排水の関連を否定。事態が発覚して約三か月を過ぎてから、ようやく政府は違法廃液が原因とする調査結果を公表した。その間、ベトナムではかつてない抗議運動も起きる。各地でデモや集会が行われ、企業と政府に対して賠償責任が訴えられた。環境への意識が高まる中、ことさら市民の不評と怒りを買った台湾企業側からのコメントがある。

「鉄なのか、それとも魚やエビなのか。ベトナムはどちらを取るのか選択しなければならない」

経済発展と食の安全を天秤にかけた恫喝まがいの発言に、市民は「魚を選ぶ」といっそう反発。インターネットを中心に運動は広がり、結局、非を認めた製鉄所側は五億米ドルを支払って謝罪することに。ベトナム国内で過去最高の賠償金額。そして、なにより空前絶後の被害規模。この公害は「ベトナム史上最悪の海洋汚染」として広く知られるようになった。

製鉄所の入り口門は時に市民デモにさらされた。入場は厳重に管理され、広大な敷地はすべて高い壁に囲まれていた。餃子や麻婆豆腐の目と鼻の先にある製鉄所入り口から、〝城壁〟に沿って数キロ進むとやがて海に出る。まさに違法廃水を行った海岸である。さすがに海には壁は作れない。製鉄所とひと続きなった海岸のすぐ隣りには小さな漁村があって、訪れると出漁していない漁船が数多く浮かんでいた。

珍しく一艘だけ、沖で漁を終えた小舟が帰って来た。波打ち際で待ち構えていた魚の買い付け人が歩み寄る。網の中を見て、またかという顔で声を上げた。

「カー・チェット・ヘッゾーイ（魚は全部いなくなっちまった）」

公害発生から一年以上を経過しても、浜では魚が死んでいた。

隣人を愛する漁師の食卓

製鉄所隣のドンイエン村は漁師の村。そして、キリスト教徒の村だった。話を聞いていたら漁師から食事に招かれた。

「汝、隣人を愛せよ。イエス様の教えです。どうぞわが家にいらしてください」

と漁師は丁寧に話しつつ、しかしながら、新たに隣人となったはずの製鉄所には辛辣だった。

「あいつらは魚も家も取り上げていった。戦争よりひどい」

NutiFood

当時、製鉄所側は敷地の拡張を計画していて、その予定地にされたドンイエン村の人々は国から立ち退きを迫られていた。強制的に家は打ち壊され、引き換えに提示された移転地は海から遠く離れた土地だった。東シナ海沿岸。ドンイエン村の漁師は海に生活の糧と食料を求める、文字どおり〝食べる〟ために海辺に暮らす人々だ。だが、海からの豊かな恵みは予告なく彼らの前から消えた。生業と住処と自分たちの食を、その魚食の民は同時に奪われたのである。

漁師の家の食卓に並んだのはすべて魚料理だった。小魚をヌク・マムで煮たくぎ煮風に、ハマグリのような大粒二枚貝のニンニク炒めに、アジが入ったモロヘイヤスープ。メインデッシュはイボダイに似た魚を背骨ごとぶつ切りにし、軽く揚げ焼きにした「カー・チエン」である。揚げ立てをヌク・マムベースの合わせ調味料にからませ、いい具合に味がなじんでいる。シンプルに仕上げているが、どれもすこぶる美味い。貝は少々天日干しにして味を凝縮させている。揚げ魚は熱を通し過ぎずにふっくら感を残している。あえて過度な調理を施さないあたりは、新鮮な魚介類の扱いに慣れていて、魚の美味しい食べ方を知る人たちの料理だ。

「全部、自分たちが獲った魚じゃないんですよ。去年からここの海の魚は食べてはいません。いま村の市場に並んでる魚だって、違う海のもの。遠い浜から運ばれた魚です。ここで獲れた魚なんか危なくて、誰も買いませんからね」

食卓の向こうから料理を作ってくれた漁師の妻が話す。くぎ煮になった魚は三〇〇キロ以上南の海が産地だった。貝はベトナム最南端のフーコック島から。不漁で息子が出稼ぎに出なければならず、そこの土産だという。カー・チエンにした魚も、つい先ほど村にやって来た行商人より買い求めたものである。客人に振る舞うからと奮発し、いちばん大きな魚を選んでいたのを見ていた。

「川魚かい？　ちょっと臭いから食べないね」

と海の漁師は言う。卓上にある調味料ヌク・マムは自家製だった。前海で自ら漁獲したカー・コム（カタクチイワシ）で仕込んだ絶品のそれも、もう底を尽きかけているらしい。大切なヌク・マムと小アジのスープを米の飯にぶっかけ漁師は食っていた。

「海の漁師だから、海の魚を食うしかねぇよ」

シジミ島の「午前五時から男」

コム・ヘン……………………（フエ）

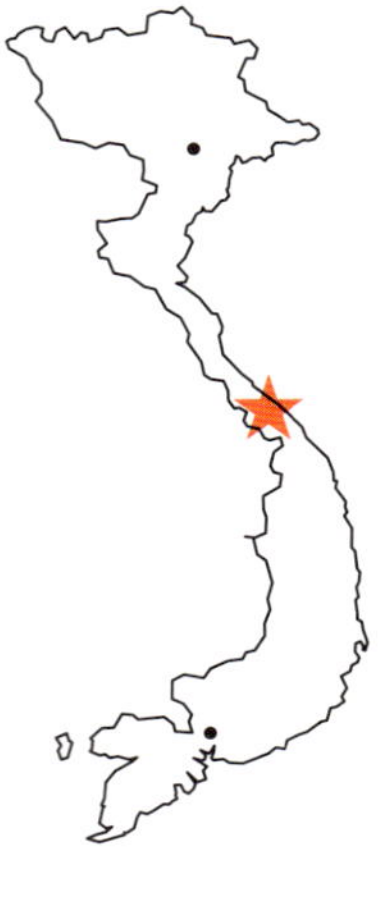

フエの町の真ん中を流れるフォーン川。その中州の島はヘンである。変ではない。「HEN（＝シジミ）」だ。そのシジミ島の漁師が食べていたのは、「コム・ヘン」と呼ばれるシジミの汁かけ飯。彼らはザクザクとシジミを取ってきて、ザクザクとシジミ飯を喰らう。味はいたって正統派。でも、やっぱりちと変かも。

＊

そいつは砕きピーナツや豚皮の千切りや油揚げの陰に隠れて、どんぶりの上であまり目立たない。なにしろ小さいのである。下手すりゃ米粒といい勝負の大きさ。名前だけは「コム・ヘン（シジミ飯）」と、メイン食材を全面に押し立てているが、シジミの存在感は視覚的にはかなり薄い。

しかし、食べればしっかりとシジミは自己主張してくる。じんわり濃厚な貝のうまみ。口の中では確実に他の食材を圧倒する。手のひらを返すようだが、シジミはあの粒の小ささが絶妙なのだ。米粒といっしょに噛み締めるにはひそかにちょうどいい。ベトナム人はそれを他の具材とともにご飯といっしょくたに混ぜ、お茶漬けのごとくサラサラとどんぶりから口に運ぶ。

「混ぜなさい。オット（唐辛子）も入れて混ぜなさい。マム（魚醤）も入れなさい。とにかく混ぜなさい」

盛られたままの状態で上品にすくって食べていると、作って出してくれた屋台のおばちゃんとか、隣りに座っている客とか、遠目に見ていたじいさんなんかが飛んできて指導される。モタモタしてると親切な彼ら彼女らに

器を強奪されて、強引に混ぜられるかもしれない。ただし、なるほどこれはコム・ヘンをいっそう美味しくする食べ方だ。重なり渾然一体となる美味。韓国ならビビンッパ、タイならヤム、沖縄ならチャンプルー。アジア的混ぜこぜぐちゃぐちゃ飯の快楽である。

そして、重要なのがご飯をヒタヒタにしているシジミの煮出し汁だ。コム・ヘンはただのシジミ飯ではない。上からシジミのスープをかける〝汁かけ飯〟。シジミ本体以上に貝のうまみが凝縮された塩味スープによって、混ぜこぜする食材すべてがシジミの世界観にまとめ上げられる。

コム・ヘンのシジミは目立たず小さく隠れていたり、もはや姿さえ消してしまっているのだけれど、ものスゴくいい仕事をしているわけだ。地味だけど好きだなぁ、こういう奴。

極小の身を取り出す技

日本で思い出すのが、アサリ汁をご飯にぶっかける「深川めし」である。深川めしの場合、味噌味だったり

醤油味だったり、また汁をかけない炊き込みご飯だったりと、いろんな流儀がある。もとは深川漁師がアサリ漁の合間に船上で作ったまかない飯の類いである。アサリの味噌汁を飯にぶっかけ食っていたのが、きっと元祖の形だろう。

その点、コム・ヘンにはバリエーションはあまりない。基本形はほぼいっしょ。シンプルな潮汁のぶっかけ飯である。ただスープとは別に、貝殻から外されたシジミの身はしっかり煮付け、味がほどこされている。ご飯の上に乗せられるのはちょっと佃煮風。だから、コム・ヘンのシジミはぷっくり仕上げる深川めしのアサリより味が深くなるのだが、代わりに余計に小さく縮こまってしまう。この味付けしたシジミをお粥に入れた「チャオ・ヘン」、ご飯を麺のブンに入れ換えた「ブン・ヘン」なんてのもあって、このあたりがベトナム流のバリエーションの付け方になる。

ここで少々問題が生じる。深川めしに使う剝き身のアサリは、港のおばちゃんなんかがひとつずつ丁寧に貝から取り出したもの。だが、シジミはアサリに比べて小さい。見たところコム・ヘンに入っているシジミは小指の先ほどの、なおいっそうの小ささ。アサリでも大変なのに、人が手でひとつひとつ剝くとしたらあまりに繊細で過酷な作業になりそうだ。

というわけで訪ねたのがシジミの本場、フォーン川の中州コン・ヘン（シジミ島）。名前のとおりシジミ漁が盛んで、シジミ漁師がたくさん住んでいる島である。しかもこれ、通称かと思ったら地図にも載ってる公の名前だった。おそらく島とシジミの関わりは地名以前の大昔からのことで、シジミ漁とその加工は長年続く島の伝統産業なのだろう。ならばきっと先祖伝来の超絶技巧を駆使し、次々と貝の口をこじ開け身を取り出している職人がいるはず！

でも、行って見たら、大違い。方法はいたって簡単。取ってきたシジミを洗って大釜で茹で、かき回すだけ。煮立つ湯の中で貝の口は開き、自然と身がはがれ落ちる仕組み。かの有名な「大衆食堂で出されるシジミの味噌汁にはほぼ身が付いてない」理論である。あとは沈んだ身と貝殻を分ければ作業は完了。すべてに渡って、あんまり伝統的職人技はない。

茹で汁はさらに大釜で煮詰め濃度が調整される。シジミ島でこうして作られる貝と汁を屋台のおばちゃんたちは買って帰り、自分流の味付けに仕上げ、フエ名物コム・ヘンとして町で売るのだ。

貝塚から舟を出す

古都フエの名物グルメとなると、宮廷料理という存在は無視できない。そして、宮廷料理には「コム・セン」という、なんとも似た名前の米料理がある。「セン」とは蓮。肉や野菜、さらに蓮の実を入れてチャーハンを作り、それを蓮の葉で包んで蒸し上げる料理である。

この手間をかけた贅沢な蒸しチャーハンの最大の売りは、ほのかな蓮の葉の香りと、なんといっても高価食材「蓮の実」の存在だ。皿の上で蓮の実は目立つところに乗り、高級感をちゃんと演出する。奥ゆかしくしゃしゃり出ないコム・ヘンのシジミとはまるでアピール感が異なる。

コム・センは宮廷料理の定番品であり、これもまたフエの名物米料理になるのだろう。ただし、けちった宮廷料理店のコム・センだとあまり蓮の実が見当たらな

い。ご飯の中に隠れているのかとほじってみても、さらにない。蓮の実はほろっとして甘い上品なお味。飯がガツガツ食えるオカズじゃないから是非に欲しいものではないが、無いとちょっと寂しい気分になる。そんなときは、やっぱり「セン」じゃないよなぁ、「ヘン」だなよぁ、などと思って呟いてみたりしたら、

「なに？　シジミはフエなんかじゃねーよ」

と意味不明の言葉を発するシジミ島の男。シジミの釜炊きを見せてもらっている途中、家の主でシジミ漁師のおやじが現れた。焼酎を片手に、風呂上がりのような上気したツヤツヤ顔である。

「コム・ヘンはフエの名物じゃなくて、シジミ島の名物なのだよ。フエのシジミは全部この島のものなのだよ。島の男は毎日シジミを食って、オレもオレのシジミ汁を飲んでっから、ほっら」

漁師おやじは腕の力こぶを見せつけつつ、シジミ島に働くシジミ漁師のプライドを語る。

家の奥に案内されるとまずシジミを炊く大釜があって、先はそのまま川に面し舟着き場になっていた。岸辺には捨てられたおびただしい量の空の貝。漁師たちはそこから舟を出し、シジミを取って帰り、茹で、打ち捨て、シジミ島にはまたシジミが積み重なる。小さきシジミのその〝貝塚〟は、膨大な年月を費やしたシジミ漁師の仕事と、食べ尽くした人間の歴史だ。

そんな島のシジミパワーに支えられた漁師おやじは、いつも暗いうちからシジミ漁をし、今日も早朝五時に戻ったそうだ。会ったときは昼前。漁から帰ってすぐに彼は酒を飲み始め、ずっと飲みっぱなしらしい。

「この人、朝から元気なのよ」

おかみさんは後ろであきれつつ、なぜか顔を赤らめた。漁師おやじは確かに締まった体をしていて、肌の色つやもいい。二日酔いにも効くというオルニチン満載のシジミ。日々大量摂取している効果なのか、漁師おやじの肝臓、なかなか強そうだ。

ずいぶん前だが、栄養ドリンクを飲んだサラリーマンが「五時から男」に変身するテレビコマーシャルがあったの思い出した。しかしながら、この島の男たちは天然のシジミ汁を愛飲することで、仕事中もその後もいつも疲れ知らずの「午前五時から男」なのである。

思いもよらない甘さと辛さ

ソイ……………………（トゥイホア）

なぜそこに降り立ったのだろう。はっきりとした理由は思い出せない。しかし、町の記憶は鮮明だ。旅の醍醐味は出会いであり、それが思いがけないものだと余計に記憶に刻まれる。自分にとってそんな出会いがトゥイホアの町では待っていた。なににも増して舌と胃袋には、まるで予想外の出会いだった。

＊

海水浴は水着になって真っ昼間の太陽のもとで楽しむものと思っていた。しかし、違うのである、トゥイホアで見た光景は。早朝の昇ったばかりの朝日を浴び、Tシャツ短パンの若者やスリップ下着の高齢者が、皆こぞって服を着たまま海に入っている。水をかけ合ったり、波打ち際で戯れたり、浮き輪持参の親子連れもいれば、少ないけど泳ぐ人もいる。とても活気みなぎる海水浴だ。

中南部のニャチャンの、最近はすっかりロシア人に席巻されたビーチから北に一〇〇キロほど。夜明け前に列車から降り、トゥイホア駅からボヤーと眠気まなこのまま歩いていたら海に突き当たった。だんだん白み始めた東の空に広がっている「ビエン・ドン（東海）」。砂浜から騒がしい声が聞こえ、見やるとすでにたくさんの人たちがそこにはいた。

「海に入るのは朝だけよ。だって昼間は暑いでしょ。それに、たくさん肌を出すのは恥ずかしいし、日焼けもするし」

話すのは友だちといっしょに水遊びする女子ティーンエイジャー。なるほど、海水浴はまだ暑すぎない朝に済

ませるものなのか。日焼けしたくないから誰ひとり甲羅干しもしてないのか。彼女たちは地元の高校生で、特に夏休みではなく、この後いつも通り学校に行くそうだ。ほかの海水浴客もすべて近所の人たち。朝飯前の小学生に、仕事前のOLに、散歩がてらの老人たち。彼ら彼女らにとって一日の始まりが海での水浴びなのはいつもと変わらぬ日常だ。さわやかな日の出と元気な海水浴の組み合わせは、なんの不思議のない当然のマッチングなのである。

甘いおこわの衝撃

意外な出会いですっかり目が覚めた。なんだか腹もへった。朝飯を食おう。

海から離れて町中を歩いていると、路上に天秤棒が荷を降ろして商売を始めていた。大きな蒸し鍋に布が掛けられ、下には山盛りの「ソイ」が見える。これは願ったり、朝飯にはちょうどいい。

ソイとはモチ米を蒸し炊いた「おこわ」だ。日本人が好きなベトナム料理ランキングでもかなり上位。嫌いな

人はあんまり見たことない。ベトナムのおこわの特長は素朴に米を炊いて作るところだろう。味付けした各種具材をモチ米に混ぜ炊く中華おこわと異なり、いっしょに入れ込むのは緑豆や落花生、トウモロコシなどだいたい一種類。ホクホクした豆類との取り合わせは日本の赤飯にも似ている。

ベトナムのソイはあらかじめ肉系食材から取ったうま味満載のだし汁で米を炊き、別個に作ったオカズを後から添える。乾燥豚肉のそぼろ「ズオック」は定番。甘辛い豚角煮や煮卵、細く割いた茹で鶏なんてのもレギュラーメンバー。また、ベトナムのモチ米は長粒米なので、日本のモチ米より粘り気が少なく、炊き上がりもそれほどモチモチしていない。ゆえに、角煮の煮汁なんかをかけてもらうと丁度いいお湿りになって、手慣れたソイ好きは新たに煮汁のみもらって（お持ち帰りならビニールの小袋に入れて）、少しずつかけてはモチ米料理の米部分をじっくり楽しむ。

さて、ソイを長々こう説明していると、その鹹《かん》味（塩や醤油のしょっぱい味）の美味しさを想像し、口の中には唾液も出ようかというもの。でも、トゥイホアで目の前で仕上げられるソイは、上から煮汁じゃなく砂糖が、ズオックじゃなく乾燥ココナツが乗せられていた。モチ米もココナツジュースで炊かれていて、ほんのり甘い香り。食べればもうダイレクトに甘い味。見て分かって口にしたからいいものの、やみくもに「ソイや、ソイや」と威勢よく飛びついたら、多大なミスマッチ感に襲われ溜まった唾液も引っ込んだに違いない。

ハノイなど北部だと登場シーンが少ない甘いソイは、南に行くほど見かけるようになる。中部からぼちぼち、南部ではまあまあ、朝食でもおやつでも食べられている。まずはデザート感覚なのだろうが、ご飯として食べてもこれはこれで悪くない。

「ソイ・ガック」という赤橙色のおこわは、果物「ガック」の種で色付けした、これまた甘いソイ。めでたい席に出されるが、めでたさがない午後のおやつどきでも食べる。

そうそう日本だって、北海道には甘納豆を使い食紅で色を付けた赤飯もある。おこわは塩味という先入観さえ取り除けばいいのだ。「おはぎ」みたいなものかと理解もできる。ただ、甘いソイはトゥイホアが初体験だったので、ちょっと砂糖は少なめにしてねって、心の中ではつい叫んでいた。

キムチに刻まれた記憶

海水浴客が大騒ぎしていた砂浜は、夕方からは別の賑わいを見せていた。海に入る人はいないけど、同じようにラフな服装をした地元民が散歩をし、朝は見かけなかった食べ物売りがあちこちにいる。今度は飲食を楽しむ人たちが砂浜に集っているのだ。足が付いた小さな板きれが用意されていて、これがテーブル代わり。砂浜の好きな場所に置き、暮れなずむ海を見ながらちょいと一パイ。朝の活気とは違った、ダラダラした海辺ののんびり感もまたいいものである。

あれれ、頼んだジャンボタニシの煮付けのほかに、もう一品おつまみが運ばれて来た。

「これはキムチーです」

店のオッちゃんは唐辛子が入った白菜の漬け物を、はっきり「キムチー」と呼んで膳の上に置いた。またもや思いがけない出会いである。なぜトゥイホアにキムチがあって、それを「キムチー」と呼んでいるのか。その理由は砂浜にすっかり日が落ち、少し酔いもまわったあたりで聞かされた。聞かせてくれた人も、けっこう酔っぱらっている。

「食べていた韓国の兵隊がキムチーと呼んでいたので、キムチーはキムチーなのです」

砂浜の酔客は、まだ子供だった昔、トゥイホアに駐留していた韓国軍を見たと言った。ベトナム戦争が激しさを増したころである。韓国は南ベトナム（実際には北ベトナムと戦う米軍）を支援するために、直接ベトナムに派兵していた。ここトゥイホアが省都であるフーイエン省など、中部ベトナムを中心に約三二万人。派兵人数はアメリカに次ぐ多さだった。

「韓国軍は虎。とにかく怖かったんです。それと、韓国の兵隊とベトナム人の混血の子が近くにいてね、だからオレたちみんな、彼らがここでなにをしていたのかよく知ってるんだ」

酔った男は少し顔をしかめて話し、遠くで商売に精を出す店のオッちゃんを見た。

韓国の部隊は猛虎、青竜、白馬なんて勇ましい名称を

付け、戦争中はベトコン（南ベトナム解放民族戦線）を掃討しまくった。そして、「ライダイハン」と呼ばれる混血児を作り、戦争が終わったらその子供たちと、「キムチ」という辛い漬け物を残してベトナムから去って行ったという。

こんな場所にキムチがある意外さや思いがけなさは、単にわたしが無知だっただけのことである。「意外」も「思いがけない」も勝手な思い込みから生じる感情。「ミスマッチ」に感じる風景とは実のところ自分の狭い常識からの産物。ちゃんとした知識がある他人にはそれらは当たり前の物事でしかない。トゥイホアで出会った甘いおこわや韓国キムチへの驚きは、知ったような気になっていたベトナムを、本当はなんにも知っちゃいない自分自身の浅はかさでしかなかった。

砂浜のキムチは食べるとあまり辛くはなかった。しかし、記憶には刻まれている。暗くなり帰ろうと思って皿の残りを口に放り込んだら、丸ごと種ごとの唐辛子が入っていて、たいそう辛かった。甘いソイが欲しいなあと、ちょっと思った。

第3章

ベトナムご当地麺街道

麺好き国民が作り出すユニークで地域性豊かな一杯を
中部各地に食べ歩き。

一六皿の焼きそば

ミー・サオ……………………（ハロン湾）

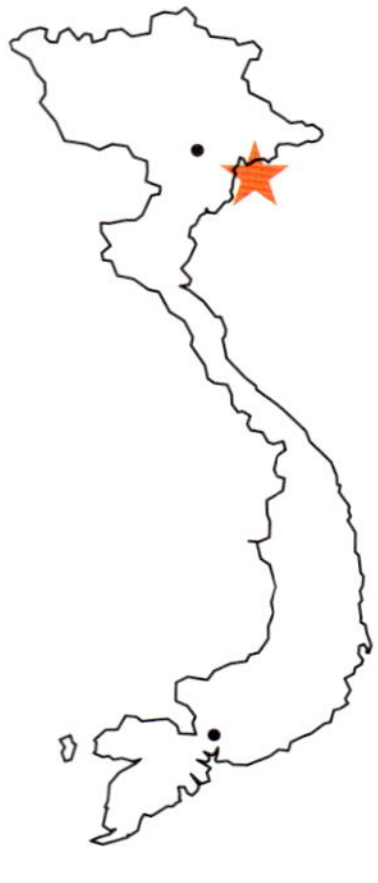

ベトナムの焼きそば「ミー・サオ」。店に入って確認せずに頼んだら、中華麺ではなくインスタントラーメンを使った、チープ感満載の代物が出されることも多い。一瞬「やっちまったな」とがっかりするけれど、いざ食すとふんだんに魚介類が入っていて、絶品の「ミー・サオ・ハイサン（海鮮焼きそば）」だったりする。ミー・サオには〝ワナ〟がある。

＊

この男もまた、ミー・サオに仕掛けられた巧妙なワナに引っ掛かったひとりだろう。昼下がりのベトナムの飯屋を訪れた彼は、ほどなくして山ほどの焼きそばたちに囲まれ、ただただ途方に暮れるしかなかった。

「ムイ・サウ！」

店員に向かって彼は元気良く注文するメニューを告げた。彼が言いたかったこと、言ったつもりだったことは別にして、店員にはきっとそう聞こえた。

「？‥？‥？、なにが『一六』なのですか？」

客の注文をいいかげんに聞いているとは何事だ。彼は自分からすればまだ若造の男性店員に不満を持ちつつ、隣りのテーブルを指差してもう一度まったく同じように繰り返す。そこには焼きそばと焼き飯を食べている客がいた。これもワナだった。やがて運ばれたのは焼き飯「コム・サオ」。彼は現地で働き始めた日本人ビジネスマンだ。数人のゲスト連れ。この日は虫の居所が悪かったのか、もともと非常に短気だったのか、なぜかいきなりキレてしまった。

「オレは一六を注文しただろ。すぐに一六を持って来い、一六、一六、一六だよ」

と、隣客が食べている最中の焼きそばを取り上げ、怒鳴り散らした。店員は恐怖におののいて口を挟めず、青くなって厨房にかけ戻る。厨房内でもパニック状態だ。なにしろ「ミー・サオ（＝焼きそば）」を手にした客が、「ムイ・サウ（＝一六）」と連呼して大騒ぎしているのである。ああ、外国人はなにを考えているか分からない。焼きそばが一六人前も欲しいのか。怖いからもうここは黙って従おう。

これが世に言う「一六皿の焼きそば事件」の顛末である。このあと彼と店員と、ムイ・サウのミー・サオがどうなったかは知らない。実話を人づてに聞いた話。あしからず。

奇岩の島の竜宮城焼きそば

ベトナムには、日本のいわゆるソース焼きそばはない。味付けは基本的にヌク・マム。「あんかけ」タイプもほとんど見たことはなく、ミー・サオは具材と中華麺を

いっしょに炒め合わせた「炒麺」になる。「サオ」は炒めるという意味だしね。

焼きそばの美味ポイントはいくつかあろうが、炒め焼かれた麺の香ばしさはほかの麺類は持ち合わせない独特の要素なので、ことさらその麺部分を味わいたい気持ちが沸く。たくさんのスープに浸して食べるわけではない焼きそば、さらにはトロみが付いたあんもないベトナムのミー・サオの場合、具材から出るうま味をいかにして麺にまとわせるか、麺に移し留めるかが味の決め手になる。麺だけ食っても美味い。これが焼きそばの真骨頂だからね。

いろんな具材のうま味が合体する五目焼きそば「ミー・サオ・タップカム」なら、その点ではハズれが少ないだろう。〝五目〟は店ごとに変わる。たいがいは肉と魚介と野菜。豚のガツやハツといった臓物のコリコリ食感は焼きそばには合うので、そこんところを分かっているベトナム人はミー・サオにはよく使う。メイン具材をアピールした「ミー・サオ・ボー（牛肉）」、「ミー・サオ・トム（エビ）」なんてのもある。

個人的には「ハイサン（海鮮）」が入るとなんだか気分が上がる。そして、イカや貝や見たことのない魚などの港町ごとに異なる特産海産物を使い、でもけっして料理自体は特産品扱いされないＢ級グルメのミー・サオ・ハイサンが、嬉しいことにこの国の長い海岸線には散らばっているのである。

そんな海岸線の北寄り、ベトナムで最初の世界遺産になったハロン湾。奇岩が突き出た「海の桂林」は観光客を集める一方、ベトナム屈指の魚介の宝庫で食いしん坊にも嬉しい場所だ。石灰岩でできた島々を巡る大人気クルーズの途中、湾内最大で有人の島カットバー島に上陸してみた。島には海鮮レストランも多いので、訪れて一度は注文したいのが、やっぱりミー・サオ・ハイサンということになる。

カットバー島で出された焼きそばにはエビやイカはもちろん、白身魚や貝やカニまで入った、まるで海中のごとき状態。さしずめ「ミー・サオ・竜宮城」である。いつもこうなのか、その日の仕入れ具合によるのか、はたまた適当に有りものを寄せ集めたのか、思いつきか。いずれにせよこれだけ多彩に魚介類が麺の中で舞い踊るのはスゴい。しかも小技も効いている。エビもイカも飾り切りされ、白身魚は油通しされ、野菜もシャキシャキの火の通り方。そして、大切なことだ、麺はインスタントラーメンではない。

具材以外にも秘伝があった。厨房を覗くとビンのラベルにイカの絵が張られたヌク・マムが置いてあって、

「ミー・サオ・ハイサンにはこれが合う」

と煤けたシェフが言う。魚ではなくイカ原料のヌク・マム。カットバー島の名産だそうだ。

フェリー乗り場の物産店ではこれをベトナム人観光客がこぞって買っていた。列に加わり商品を見たら、ラベルの絵がイカ以外にもエビとサワラがある。北部では美味いヌク・マムの産地で知られるクアンニン省だし、これら珍しい原料で作るヌク・マムはカットバー島の名物らしいのでここぞとばかりに三本セット買い。なによりイカのヌク・マムを使って自分でイカ焼きそばを作りたいと思った。豪勢な海の幸がなくたって、これさえあれば美味いミー・サオになるかもしれない、なんてワクワクしていた。

後日談を書く。買ったヌク・マムはすべてハノイの空港で取り上げられた。強い匂いを発するこの調味料。飛行機に搭乗する直前、「ヌク・マムは危険物です」と係員に言われ荷物から取り出された。忘れてはいけなかった。ミー・サオにはワナがあったのだ。

乾いた麺たち

中華麺ミーではなくて米麺のフォーやブンを炒めれば、それぞれ「フォー・サオ」、「ブン・サオ」になる。焼きそばに対して焼きうどんといった違いだが、湯がいたばかりのヘロヘロのフォーの麺は、炒めているうちに往々にして麺が互いにくっ付き団子状態になってしまう。さりとて、さらっと炒めただけだと「焼き」の醍醐味がない焼うどんだ。これはどちらもいただけない。

しかし、無類の麺食い国民は新たな技を繰り出して汁麺ではない麺料理を楽しむ。ひとつは「ゾン」(南部言葉なら「ヨン」)の世界。「フォー・サオ・ゾン」も「ミー・サオ・ゾン」も、麺を油で揚げて上に炒めた具材を乗せる「かた焼き」麺になる。こちらは稀にとろみが付いた「あんかけ」になることも。

もうひとつは「コー」の世界。「乾いた」を意味する

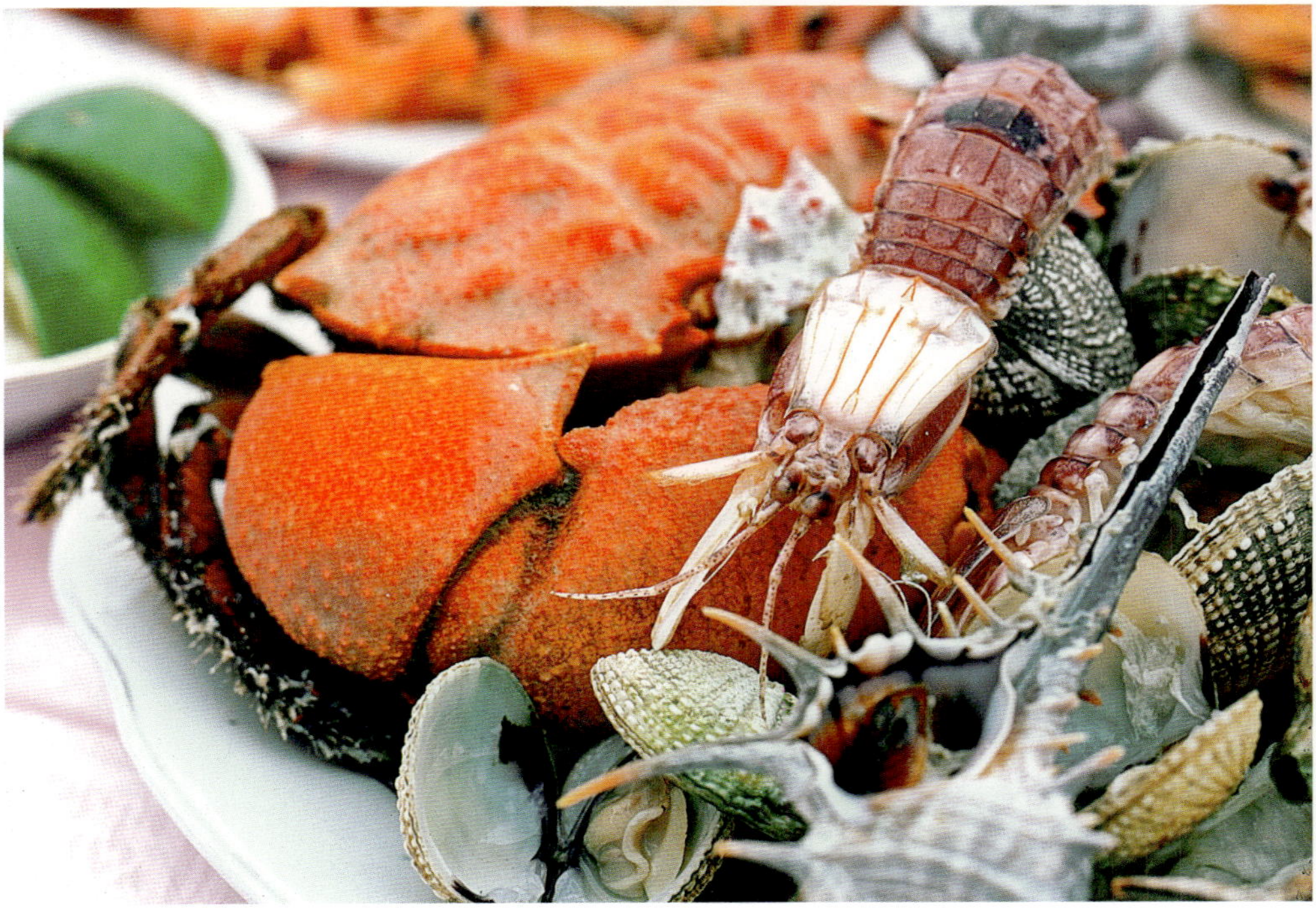

コーが付くと各麺は少量のタレで和え食べる料理になる。「ミー・コー」もあれば、南部に多い麺フーティユを使う「フーティユ・コー」も人気だ。あえてたとえるなら、油そばや釜揚げうどんといったところ。

さらにもうひとつ、こちらは調理法というより麺作りにベトナムの妙が隠されたひと皿。マカロニ麺「ヌイ」。太くて短くて中空になったあのマカロニも、ヌク・マムで味付けされた「ヌイ・サオ」になってお目見えする。

ヌイは小麦粉だけではなく、米粉を混ぜて作られるベトナム流マカロニだ。茹で方にもよるが、やや柔らかい食感。炒めると焼きそばのような、焼うどんのような、焼きペンネのような不思議な食べものになって、間違ってもイタリア人は認めないだろうなぁ、という味である。どういうイキサツがあって米粉マカロニが誕生したか分からないが、なんとしても米を食いたかったのダ、なおかつ麺にしてもみたかったのダ、という米と麺をこよなく愛するベトナム人の切なる想いがヌイには漂う。

フランス植民地時代にヨーロッパと交わった国は、こんな謎の「乾いた麺」も路上の屋台で美味そうに食べているのである。

古都が持っている特別

ブン・ボー・フエ……………………（フエ）

鶏や豚より安く簡単に手に入る牛肉「ボー」をスープや具材に使い、もっともポピュラーな麺「ブン」と合わせる汁麺「ブン・ボー」は、比較的ベトナムのどこでも食べることができる。しかし、地名を冠するのは「フエ」だけだ。ブン・ボー・ハノイも、ブン・ボー・ダナンもない。「ブン・ボー・フエ」はそれだけ特別なのか、はたまた別の理由があるのか？

*

なにもそんなに入れなくたって……。そう思うほど彼女は唐辛子をガンガン入れていた。卓上にはフエ特有の唐辛子を炒めて作ったペースト状の調味料に、小皿に乗った小さな青唐辛子。スープを注ぎ出来上がった麺のドンブリを手渡されると、すぐさまその唐辛子調味料を小さじで二杯三杯。箸とスプーンで麺を持ち上げひと混ぜしてまた一杯。ちょっと迷ってまた一杯。もう早く食えよ、と思ったら、生の唐辛子に手を伸ばして目の前の店員に言った、

「足りないわよ、唐辛子」

中部の都市フエ。旧市街のドンバ市場内にある屋台で若い女性がブン・ボー・フエを注文していた。どうやら店で食べるのではなくて、持ち帰るらしい。きっと近くの売り場の人なのだろう。なるほど、おそらくは「食べ始めて辛さが足りなかったら追加できないので、後悔しないだけここでしこたま入れておこう」というわけか。彼女の離れ難き唐辛子への執着はただならぬ気合いに満ちていた。店員が慌てて出した青唐辛子を立ち上がりざ

ま数本受け取って、寝間着のようなアオババのポッケに突っ込む。そして、片手にブン・ボー・フエを持ったままの唐辛子女は颯爽と、背筋をピンと伸ばして歩き去って行った。

そもそもブン・ボー・フエは辛い料理のはずだ。ベトナムでは麺料理のスープは「澄んだほど良し」とする風潮なので、ブン・ボー・フエのスープもほのかに赤く染まった程度である。いかにも激辛といった真っ赤な色はしていないが、使用している微粉末唐辛子からはけっこう辛味が溶け出している。ドンバ市場の屋台で売っていたのは奇をてらっていない、およそ基本的な辛さを備えたブン・ボー・フエだった。牛骨や牛スネ、牛スジなどを煮込んだベースに、フエ周辺で作られるアミの塩辛調味料「マム・ルォック」を入れて作るスープ。辛さはあってもコクとうま味があり、またレモングラスを使うのでほのかに酸味も加わる。唐辛子の追加投入しなくたって美味しいと思うのだが、それじゃフエ人の味覚が許さないらしい。

特別にフエの名前を付けて称されるこのブン・ボー。料理そのもののスペシャル性を感じる以前に、まずは地元っ子の別格な食べっぷりを見せつけられた。

辛（つら）いから、辛（から）くなった？

一般にベトナムでは北部の料理はしょっぱく、中部は辛く、南部は甘いとされる。味付けの地域性というは風土によって形作られるのだろうが、風土は直接、料理をしない。風土に育まれた人たちの、その味覚や嗜好が料理の味に特色を生み出す。つまり中部の料理が辛いのは、中部に住む人たちが辛い味を好むからだ。中でもベトナムのほかの地方から来た人もひときわ辛いと感じるのがフエの料理らしい。激しい辛さを求めるフエ人の味覚とは、どんな歴史風土によって作られたのか。

「フエの夏は嫌になるほど暑い。冬は寒い。それに耐えてフエの人たちは我慢強い。だけど怒ったら怖いよ。やさしそうに見えても内面は激しい。フエ人はたいへんなのです」

ちょっと嘆きながらフエに住む友人はそう話した。しかし、暑さ寒さが我慢強さを生んだ、という部分までは分かるが、それが料理が辛いという特別と結びつくにはまだ距離がある。ならばフエならではの「宮廷料理」という特別を食って考えることにしよう。

　グエン朝時代に都が置かれたフエ。古都の雰囲気を漂わせる王宮の町歩きとならんで、来訪客に人気なのがかつての王族が味わった「宮廷料理」だ。ただ現在は皇帝がいないので、全国から食材を集め贅の限りを尽くした〝本物〟は存在しない。後世の人が復活させた宮廷〝風〟料理が高級レストランなどで楽しめる。

　さて、いきなりだが、ここでは宮廷衣装を着たり、宮廷音楽の生演奏を聴いたり、鳳凰やら蓮花の華美な食材カービングといった、「クンディン（宮廷）」気分を盛り上げる過度の装飾を省いてみることにする。すると、供される揚げ春巻きも、エビのすり身の蒸し物も、牛肉の香草焼きも、日本人の口に合うとても美味しい〝通常〟のベトナム料理となって、〝特別〟感がまるで薄れてしまった。やはり寄り道だったようだ。わたしが知りたいフエの特別とは、宮廷に赴くよりも風雪に耐え忍ぶ庶民の食卓を訪ねたほうが良さげである。

「今年もまたひどい洪水が起きましたからね」

　フエの友人は依然として嘆いていた。ベトナム中部は

毎年のように台風が襲来し、地形的にも水害に見舞われやすい土地。酷暑の夏に、底冷えする冬に、これでもかと洪水の秋。フエは暮らすにはそう過ごしやすい気候ではないと彼は言いたげだ。

ベトナム中部の先住民であるチャム族も唐辛子を多用した料理を食べていたとされる。これは先人の知恵であり、置き土産だったのかもしれない。暑い夏。唐辛子いっぱいの辛い料理を食べると体は熱くなって汗がふき出すが、発汗後は意外と涼しく感じて心地良かったりする。寒い冬。やはり唐辛子いっぱいの辛い料理は、辛さ成分カプサイシン効果で体の内側からポカポカ温めてくれる。暑く寒く、だから辛く。あまりに辛（つら）い気候風土がフエ人の強い気性を生み出し、同時に体と胃袋は強い辛（から）さを求めるようになった、というのが総じてフエ人によるフエの味覚の解説だった。

フエ名物に囲まれフエ名物を喰らう

左手にどんぶり、右手に箸を持ったまま、彼女は市場の暗い建物の奥に入って行く。ブン・ボー・フエの屋台からそっと唐辛子女の後を追いかけた。迷路のような通路を進んだ先、彼女は山のように積まれたノン（ベトナム日笠）の中に吸い込まれ、しばらくすると再びノンの山の向こう側から顔を出す。左手にドンブリ、右手に箸の型はそのままに、片膝立てた半あぐら姿勢でズルズルとブン・ボー・フエをすする。ときたま生の唐辛子もかじったりもしている。

周りはノンだらけだった。広い市場内にあって、そこはノンを売る店舗が集まったエリア。それぞれの店はノンを売台にうずたかく積み重ね、棒をいたるところに渡して吊り下げている。分け入っても分け入ってのノンの山、連なるノン山脈、取り囲むノンの壁だ。

ノン山脈のすき間ではあっちでもこっちでもドンブリ片手に売り子の女性たちが麺を食べていた。ちょうど開店直後の朝飯どきである。売り子たちは一斉に、ほぼみんなブン・ボー・フエにかぶりつく。おっと、背後からブン・ボー・フエの出前がやって来た。ステンレスの大きなおぼんにドンブリをいくつか乗せ、ノンの谷間を突き進む。飛び退いたら足下には食い終わったブン・ボー・フエのドンブリが無造作に置いてあって、うっか

り蹴飛ばしそうになった。危ない危ない。もしノンの山にぶつかりでもしたら、ノンが崩れて大規模なだれが起きちまう。

ノン、またはノンラーとは、頭に乗せる円錐形をした葉笠である。ベトナム女性の必須アイテムで、ベトナム全土で製造されどこでも手に入る。ただし、国内随一の名産地はフエとされる。フエのノンは品質が高く、太陽にかざすと切り絵が透けるノンバイトーはつとに有名。ベトナムの古い詩歌などをモチーフに作られるこの美しく優雅な日よけ笠には、ことさらに「ノン・フエ」なんて地名を冠する別称もあるほどだ。

ベトナムのどこでも見るものだけど、フエの品が特別。あれ、この位置付けはなんだかブン・ボー・フエに似ているかもしれない。フエで作られるノンの誕生にも強い日差しと暑さというフエの特別が関係しているのだろうか。

くしくも目の前に展開するのは、フエの特産品の山に埋もれフエの特産麺料理を喰らうフエの特別な風景である。名物の競演にして饗宴を前に、そんなことを考えたりしていた。

「クアンナムの麺」は望郷の味

ミー・クアン…………（ダナン）

インド料理屋に行って、なんだか香らないサフランライスと思ったら、ターメリック（うこん）で色を付けただけのご飯だった。でも、見た目ははとっても鮮やか。たとえるなら、そんな感じか。白米から作る素朴な「ミー・クアン」の麺も、都会ではターメリックで着色されて、オシャレな黄色にドレスアップされていた。

*

たいへんな勘違いをしていた。色が黄色だから小麦原料の麺だと思っていた。それにベトナムで「ミー（Mi、My）」が付いて呼ばれる麺は、おおむね小麦を使った中華麺を指すものだから、ミー・クアンも最初から小麦の麺だと決めつけていた。米食いの民よ、すいません。

ミー・クアンもまた、米から作る麺だったのね。

ちゃんと聞いてみると、本来のミー・クアンの麺はフォーやブンと同じく白い色をしているのだという。しかし、いまでもはっきり覚えている。初めて訪れたダナン町で、初めて食べたミー・クアンは、初めて見るような鮮烈な黄色だった。その色がなんとターメリックで着色されていたという衝撃の事実。でもあらためて考えれば、あんなハッキリとした発色なんて小麦の中華麺だってないよなぁ。じゃあ、なぜミー・クアンの麺はあえてあれほどに黄色に染め上げているのだろう。

「黄色くするときれいで目立って、売れるから」

ハン川に面したダナンの麺屋で、客も店主もそう口をそろえた。どうやら「見た目」へのこだわり、らしい。「味」のためではない、らしい。たしかにミー・ク

アンにターメリック由来の香りも味も感じない。中華麺の黄色はコシを出すために入れるカンスイの色素反応から生まれるもので、味の追求から生まれた副産物だ。だが、ミー・クアンの場合は、黄色い色自体が第一義的主張なのである。

見た目重視で黄色が支配するドンブリの中では、割いた空芯菜の緑色や、千切りされたバナナの花の薄紅色が乗っかていっそう華やかさを増す。やはり見た目は大事だ。なぜか気分もウキウキ、食欲も刺激される。さらにエビや肉が添えられ、砕きミーナッツ、割ったゴマ煎餅などもおしゃれにトッピング。そうして目の前に差し出されるミー・クアンはもはや派手に着飾った〝ゴージャスマダム〟の趣。作って差し出すのがノン(日笠)を被った〝屋台マダム〟でも、それはとりあえず関係ない。

「ほれ、メィワン食いなされ」

屋台マダムが話す中部訛りだと、はっきり「ミー・クアン」と聞こえることは少ない。「クアン」とは地名。中部のクアンナム地方のこと。麺全般を指す「ミー」がここにくっ付いた〝クアンナムの麺〟は、名前の示すとおり、中部クアンナム省一帯で作り食べられている名物麺料理なのであった。

ミー・クアンの郷へ

ミー・クアンはダナンだけではなく、周辺の広いエリアで食べられている。街道沿いのドライブインでも、田舎の集落でも、別の麺「カオ・ラウ」が有名なホイアンでも見かけた。ダナンで黄色麺ばかり食べていたわたしは、当初、ミー・クアンはベトナム第三の都市ダナンのご当地麺で、乳白色のフォーやブンとまた違った個性を持つ麺と思っていた。でもダナンを離れ、田舎町のそれこそ〝クアンナムの麺〟を食べるにつれ教えられることになる。黄への着色はダナンという大都会で目立ち、名物となって生き抜くための〝化粧〟だったことを。わたしはメイクにだまされていたのか！　ならば化粧の裏にある本当の姿を知りたい！　というわけで来たのがダナン郊外にある「ミー・クアンの郷」。純白無垢のままのそれと出会うために、である。

その店のオバちゃんは麺を湯がき、スープのない空の器にまず麺を入れた。ミー・クアンはたくさんのスープに麺を浮かべた温麺ではなく、いわゆる汁が少ない和えソバの類い。上には具のネギと鶏肉。最後に甘辛い味のタレを少量かけて完成。ミークアンの郷で出された一杯はシンプルな見た目で、肉や魚介を煮込むスープダレもすっきりした味付けだった。もちろん麺は黄色ではない。真っ白。余計なトッピングもなく、〝ゴージャスマダム〟風ミー・クアンというよりは、〝白い割烹着のおっかさん〟的雰囲気である。

「この白い麺が美味しいんだから、麺をいっぱい食べなさい」

オバちゃんはそう話し、追加の麺を切り始めた。半乾きのライスペーパー状の生地を丁寧に一枚はがし、折りたたんで端から裁断していく。やや幅広。適度な厚さ。ちょっと「きしめん」に似ている。

「モッ、ヌア（もう一つ）」

前に座っていたニイちゃんが叫ぶ。もう一杯食うのかと思ったら、オバちゃんは心得たように湯がいた麺だけ運んで来て、ニイちゃんの汁が残ったドンブリに投入。麺のおかわり、つまり替え玉である。具もなければ、卓上にある香草にも目もくれない。常連客はひたすらに麺を食い、麺そのものを存分にガッツリ味わう。そういう食べ方がここでの正しいスタイルのようである。

オバちゃん自慢の麺は製麺所からの直送らしい。すぐ裏に麺を作る家があって、そこから買っているという。流儀に習い替え玉もし、白い麺で満腹になったので、ではボチボチすっぴんのそれに会いに行くべし。

トゥイロンの白い麺

「昔ながらの本当のミー・クアンに会えるはずです。麺も作っています。ミー・クアンの故郷です」

そう教えらて来たトゥイロンという集落。オバちゃんの店の裏手を進むと、田んぼ横に並ぶ家の一軒がミー・クアンの麺を作っている工房だった。同様の麺工房はトゥイロンにはいくつかあるらしいが、まずはオバちゃんが仕入れているところへ。

なん度か目にした風景だった。布を張った丸い蒸し器に、米の溶液をヒシャクですくって注ぐ。円盤状のヒシャクは底が平たく加工されていて、底の裏面を使ってすぐさま均質な厚さに広げられる。米溶液は浸漬した米

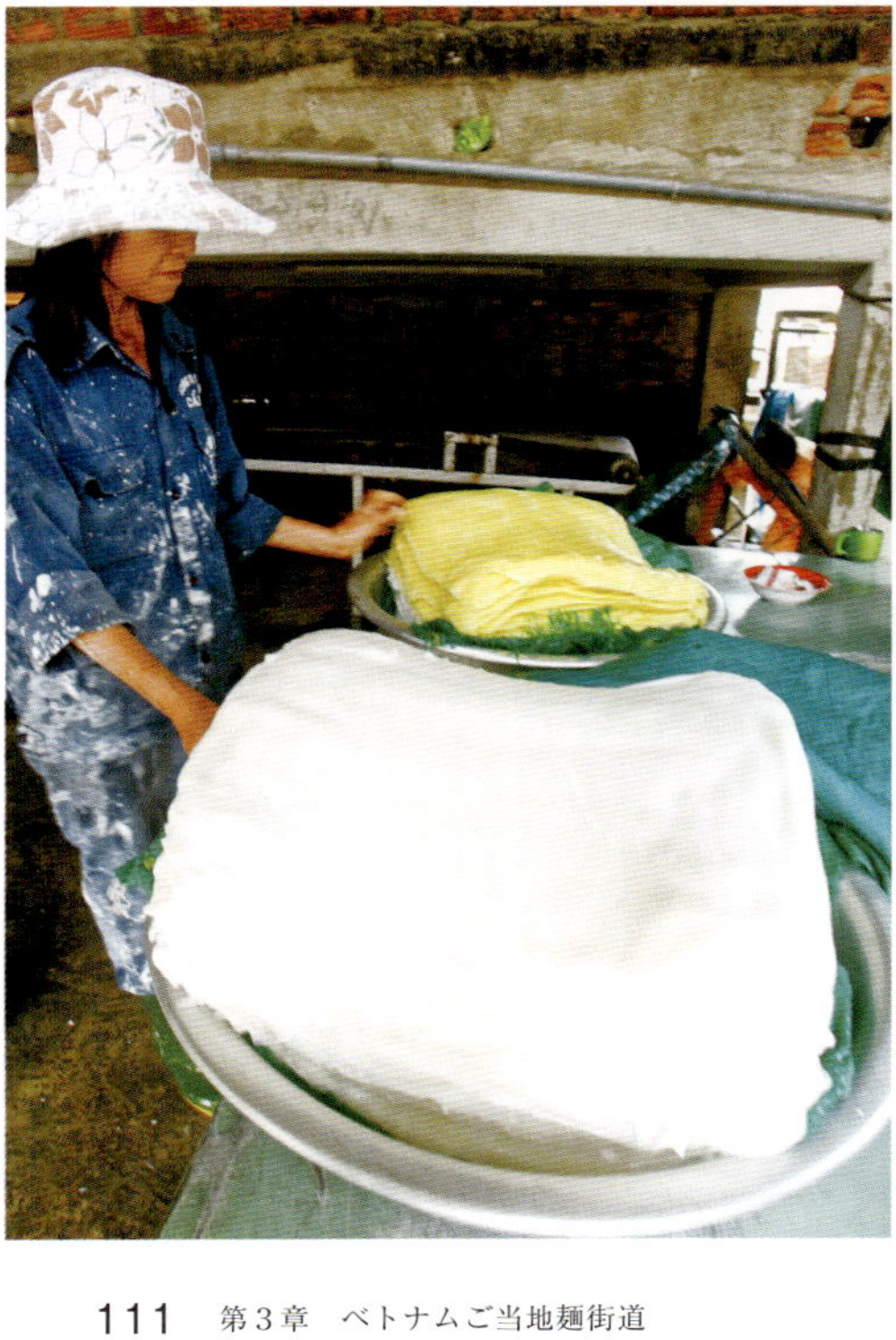

BÀ TỈNH
MÌ GÀ
BÀ TỈNH
MÌ
Gà
Bò
Xáo Bò

を水ごとミキシングして作ったもの。繰り返すこれらの作業はライスペーパー作りと同じである。異なったのは、米溶液がかなり濃くドロドロした感じ。そして、ライスペーパー自体の直径が五〇センチを超えるほどデカい。

蒸し上がったら職人が竹棒一本で蒸し器からはがす。オバちゃんの店でライスペーパー状に見えたものがこれだ。ただのライスペーパー「バイン・チャン」ではなく、これこそがミー・クアンの麺だったのである。しばらく後になってから黄色いミー・クアン麺を大量に作る町工場も見学したが、そこでは米溶液をベルトコンベアーに流し一気に蒸しあげていた。ブンやフォーも作っていて、すべてに同じ米溶液を用い、ミー・クアン麺との違いは黄の着色を施すか否かだけであった。

「ミー・クアンにはミー・クアンのための作り方があります」

トゥイロンの麺工房で職人が話す。ここでは家族を中心に、ひたすら一枚ずつ手作りだった。黄色い麺は作らず、白い麺一筋。ちょうど近所の人が麺を買いに訪れた。麺の状態に切ってくれとのことで、すぐさま手動の製麺機が好みの幅に仕立てる。打ち立てというか、蒸し立てというか、その出来上がって間もないミー・クアンの麺はみずみずしく白く輝き、しなやかで、とても美しい容姿をしていた。

「黄色いのは町の店が使うためのもの。あたしたちが食べるミー・クアンはこっちの白い麺ですよ。都会で仕事をしている息子が帰って来ていて、土産に持たせてやります。どうしてもこの麺が食べたいと言うもんでね。きっと懐かしい味なんでしょう」

買い物客は麺を手にそう話す。トゥイロンは港湾都市ダナンから海を背にし、内陸へと向かう街道沿いの静かな村だが、数年前に近くを大きな道路が通るようになった。かつての国道一号線はダナン北の難所ハイバン峠を越えるルートだったが、トンネルが開通し、それに繋がる新道がトゥイロンの横を抜ける。道の開通で故郷は少しだけ近くなったのかもしれない。

そんな幹線道路からちょいと外れた脇道に、埃にまみれた看板が並ぶ。「ミー」とだけ書かれ、あとは「ガー（鶏肉）」や「ボー（牛肉）」だけ。ただ、ここクアンナムで出る麺は決まっている。ミー・クアン。望郷の白い麺が、いまも変わらぬ姿で待っていた。

世界遺産の町の世界遺産級の麺

カオ・ラウ……………………（ホイアン）

町並みごと世界遺産になったホイアン。町の入り口には屋根が付いた木造橋がある。「ライビエン（来遠）橋」。別名は日本橋。徒歩のみ通行可のこの橋を渡ると、タイムスリップしたようなノスタルジックな情景が現れ、旅人はホッとひと息。しかし、わたしの歩みは加速する。世界遺産の景観に劣らない、世界遺産級のあの一杯を喰らうまでは。

*

大学を出たばかりのオネーチャンが言うのである。

「わたし、ツーリズムが専攻で、写真も上手いんです。あれはここから撮るといいですね」

確かにいい、が、こちらもプロなので、

「そうね、まあまあだね」

などと偉そうに答える。世界遺産の町ホイアンでライビエン橋の撮影をしていた。レンガ組みの橋脚に苔むした甍の屋根。小さな木造橋だが、大昔に海外貿易で栄えた港町において、日本人街や中国人街もあった往時の面影を残す観光名所である。


ただ残念なことに、架かっているのはドブのような運河。しかもまわりに民家が建て込み、いい撮影アングルがないことでも知られた名所だ。しかし、オネーチャンの案内する場所に立つと、なんといい具合に真横から撮ることができる。知らなかった！

それもそのはず。このあたりは最近になって造成された新興住宅地が広がる〝ホイアン・ニュータウン〟。久しぶりにだったので、そんな場所の出現などつゆ知らず。

思えばホイアンを最初に訪ねたのはもう二〇数年前だ。オネーチャンが生まれてまだバブバブしていた頃だろう。彼女の家があるのもニュータウン。訪ねてお父さんとホイアンの昔話をしてみた。

「このあたりは畑ばかりでなにもなかったですよね。たしか近くでカオ・ラウを食べた記憶があります」

「町は変わっても、カオ・ラウの味はずっと同じだよ」

横ではオネーチャンがなんだか不思議そうな顔だ。自分の町の知らないことを、自分の親と話して盛り上がる外国人。そうこうしているうちに台所から娘を呼ぶお母さん声がした。

「カオ・ラウを作るから、そのカオラウ好きの外国人に作り方を見せておやり」

華人との交流史が醸す味

ホイアンのご当地麺「カオ・ラウ」。スープがなく、コシのある麺を少量のタレと和えて食べる。具は煮込んだ豚肉にフレッシュ野菜、香草。それと必ず、麺の生地を揚げた小さい煎餅がトッピングされる。汁なし温麺という形態も珍しいが、カオ・ラウはなぜかホイアン周辺でしか見かけない地域限定麺。ベトナムに麺料理は数々あれども、わたしはカオ・ラウはこの国随一の名品だと思っている。ユネスコは知らないんだ。本当にホイアンで世界遺産に指定すべきは、町並みでも、売り出し中のランタン祭りでもなく、このカオ・ラウの美味さだということに。

お母さんの〝世界遺産〟作りは豚肉の仕込みから始まった。ニンニク、ショウガなどの香味野菜と香辛料を肉に擦り込む。特筆すべきは「五香粉」。中華料理でよく使う混合香辛料で、中でもいちばん大切だとお母さんが見せたのが「八角（スターアニス）」だった。ほかのベトナム麺料理ではまず見ない食材である。初めて伝えたのはかつてホイアンに住んでいた中国人だろうが、いまではベトナム流に調合した「カオ・ラウ用五香粉」なる商品が小袋パックで売られている。

下味を付けた豚肉は焼かれ、ヌク・マムや醤油などとじっくり煮込まれる。そして、この煮汁こそが重要。最終的にカオ・ラウにかけるタレの素になるから。お母さんによると、各家庭、各料理店のカオ・ラウの個性は煮

豚作りと煮汁の違いにあるのだそうだ。一方、使う麺はというと、

「自分では作らない。スゴい職人さんがいて、ホイアンで美味しいと評判の店はたいがいこの名人の麺を使っているわね」

お母さんの手にはしっかり、その〝ホイアン一〟の麺作り職人から買ってきたカオ・ラウの麺。しかも作り立ての生麺があった。

カオ・ラウの麺は米から作られる。しかし、ベトナムの代表的な米麺フォーやブンに比べ、同じ原料でもカオ・ラウは格段にコシが強く、米由来の味わいも香りも強い。中華香辛料の風味も独特だが、カオ・ラウの最大の特徴にして、美味さの秘訣は麺だと思っている。その最高峰の品と、お母さん特製のタレと具材。お父さん、やっぱり「カオ・ラウの味はずっと同じ」で、絶品です。

製法には秘技てんこ盛り

早朝にも関わらず「名人」の仕事場では家族総出で麺作りをしていた。ある者は練り、ある者は蒸し、ある者はのばし、ある者は裁断する。それぞれ特有の道具を使った作業である。寡黙で淡々とした仕事ぶりは、まさにザ職人。

そんな中でもっとも目に付くのが繰り返し生地を叩き、伸ばす「練り」だ。日本人には馴染みあるコシを出すためのこの作業は、ベトナムのほかの麺ではまず行われない。さらに「蒸し」工程も独特。のした生地の段階で一回、細く裁断した後の仕上げに一回。カオ・ラウ麺の食感の妙や黄褐色への変色は、この「二度蒸し」の手間にも起因する。

使う水も重要らしい。いや、水こそが、カオ・ラウをホイアンの特産にしている所以だ。仕事場の裏には井戸があり、粉になる前の原料米が、汲んだ井戸水に浸かっていた。ホイアン一帯の地下水には硫黄分など特有成分が含まれているそうで、不思議なことに、この地の井戸水を使わないことにはカオ・ラウ特有の麺の味が作り出せないと名人は解説する。

カオ・ラウ麺の秘密はまだある。外国との交易で栄えたホイアンの歴史は、もうひとつ、中国ルーツの製法をカオ・ラウにもたらした。灰汁《あく》の使用である。藁などを

SPOR

燃やした灰を水に入れ、取った上澄み液を生地に加えると麺にツルシコ感が増す。ラーメンにおけるカンスイと同じ効果だ。ちなみに「沖縄そば」も灰汁を使う。琉球王朝時代に中国から伝来した中華麺の製法が起源とされるが、等しくこの大交易時代にホイアンにも住み着いた華人たち。彼らがベトナムの麺に同様の製法を伝授したとは容易に想像できる。

人はなぜそれを「高楼」と呼ぶのか

特異な歴史に特別な地下水。ベトナムでもほかに類を見ない麺料理カオ・ラウとは、まさにホイアンの風土が生んだ奇跡の一杯である。そんなカオ・ラウ、漢字に当てはめると「高楼」となる。どうして麺料理の名前の由来が「高く造った建物」なのだろうか。ホイアンのベトナム人に聞けば、

「麺と具がどんぶりに高く盛られている様子が、中国の古い楼閣に似ているからだよ」

などと、まことしやかに言う。しかし、わたしは見てしまったのである。麺職人の仕事場の中にこそ、「高楼」は存在していた。

それは最後の「蒸し」工程に出現する。裁断した麺は大きな竹ザルに並べられ、沸き立つ湯釜の上に五〜六枚ほど据えられる。最上段に被せられる円錐形の蓋。土台のかまどはアーチ状に窓を開け、内部で薪が燃え盛る。やがて重なりそびえ立つ蒸しザルからはユルユルと湯気が立ち昇り、その様相は荘厳な楼閣を思わせる「高楼」の姿だった。

カオ・ラウにはかねがね疑問に思っていることがほかにもある。日本でのカオ・ラウの説明に「伊勢うどんが起源」なんて真贋曖昧な文言が添えられること。しかし、食えばすぐに気付くはずだ。スープが少ないという点を除いて両者は似てはいない。コシや歯ごたえ重視の日本の麺の中で、柔らかい食感の伊勢うどん。かたやコシのない麺ばかりのベトナムで、抜群の歯ごたえを誇るカオ・ラウ。目指す味わいの質はまるで異なる。そもそもそう説明する人がどれだけ実際にカオ・ラウや伊勢うどんを食っているのだろうか。けっこうマイナーだぜ、どっちも。

塩と海ブドウと原発

バイン・カイン……………………（ファンラン）

ファンランにはなにかと足を運ぶ機会があった。絶品〝調味料〟の風景を訪ねたり、日本へ輸出される〝海草〟を探したり、日本から輸入される〝巨大プラント〟の予定地を見学したり。そうしてたびたび訪れる場所にはお気に入りの飯屋も見つかるもの。ファンランは「美味い町」として、いつからか行くのが楽しみなのである。

*

ベトナム中部以南では屈指のビーチリゾート地になったニャチャン、ならびにファンティエット。なにもここだけポツンときれいな砂浜が出現しているのではなく、中南部一帯にはずーっと青い海や白い砂浜の美しい海岸線が続いている。ニャチャンとファンティエットに挟まれたファンランも沿岸には同様のすばらしい絶景が広がる。ただ、ちょっと地味だ。進むリゾート開発はどこかあか抜けないローカル臭が漂う。

ところで「自然と開発」というと、なんとなく環境を破壊する「自然 vs 開発」の対立構図を思い浮かべてしまう。だけど環境と共存する「自然 and 開発」の姿もあったっていい。ファンランの場合はどうなのだろう。地味なリゾート地を抜け海沿いを進んだ先、そこにある広大な塩田の風景もまた、人間が自然に手を入れて作った「開発」の風景にほかならなかった。

四角く区切られた塩の〝田んぼ〟が、自然の干満にまかせ海水を引き込み、乾季の太陽に照らされていた。塩の小山が点在するまるで白い田園。塩を掻き、運ぶ人々の作業もそんな風光明媚な塩田の景観の一部のようだ。

ここでゆっくり天日乾燥され仕上げられる塩はベトナム人たちが国内最上と称する調味料になる。ファンランが有する大塩田地帯。ここでは「自然と開発」は互いが対立するのではなく、折り合いのいい〝美味しい景色〟となってわたしには見えた。

「塩はね、ここのダックサン（特産）なのです」

ファンラン市街の市場前で営業する「コム・ガー（鶏飯）」屋が、テーブルに塩を運んだついでに話す。美しい海というのはビーチリゾートのためだけにあるのではない。極上の海があればこその極上の調味料が、古くからファンランにはあった。

正しい〝ダックサン〟

ファンランが自慢すべき特産品は、自分が料理した鶏ではなく、鶏を食うために添えた塩である。そうコム・ガー屋は言うものの、ここの鶏飯だってすこぶる美味い。秘伝の下味を付け焼いたローストチキンに、濃厚な鶏だし汁で炊いたチキンライス。注文するメニューはこの二つで充分。一人前いくらというのではなく、ぶつ切りの

骨付きローストチキンは食べた個数分の料金を後から払えばいいので、とりあえず手づかみでガツガツ食い始める。おっと、食べる前にちゃんと用意しておかねば。小皿に盛られたファンラン産の塩に、ライムを絞って混ぜ混ぜ。これを付けながら食べると鶏の味は二段も三段もジャンプアップする。

さわやかな酸味のライム塩は、鶏飯といっしょに食べても美味い。やはりコム・ガーの主役は米なのだ。ベタベタの手を拭いスプーンでご飯をすくって食べると、鶏のうま味を引き受けた米と、なにげない塩に秘められたシンプルな力量に気付く。わたしはファンランを訪れるとまっ先にコム・ガー屋を目指す。基本的には同じ店だが、まわりにも数軒あるので、まずはどこでもいいからこいつに喰らい付きたい。

ファンランの私的な〝ダックサン〟は、塩を含めてのコム・ガーだ。この行動に不都合はないのだけれど、ときたま地元のベトナム人が許してくれない。

「なに言ってんの。コム・ガーはどこでも食べられるでしょ。ファンランの〝ダックサン〟は、バイン・カインに決まってます。これを食べなきゃいけません」

ということで路上の店へ。気付けば言葉は南部風。「カイン」も「カン」と軽みを帯びていた。

キャッサバ芋のでんぷん成分はタピオカと呼ばれる。「バイン・カイン」は米粉にこのタピオカの粉を混ぜて麺を作る。形状は太くて短く、タピオカ効果によってプリッとモチッと独特の歯ごたえ。美しいビーチと呼応するように、中部以南でよく食べられている麺料理だ。だが、バイン・カインは識別が厄介。名称そのものは「スープ入り粉もん」といった曖昧模糊なので、統一性に乏しく、土地ごとに微妙に姿が異なる。麺類をひっくるめて「そば」と言っちまう日本語の語感に近い。ここファンラン名物のバイン・カインはタピオカの分量が多めなのか、少し透明感を帯びた乳白色麺。太いが長さもあって麺としてズルズルすすりやすい。

「乗せる具はなににしますか?」

とバイン・カイン屋台のオバちゃんが聞いてきた。ワゴン屋台の調理台に目をやれば、彼女は先客用の「チャー・カー」を切っている。これもまたファンランあたりの〝ダック・サン〟。魚のすり身を揚げた「さつま揚げ」である。揚げずに茹でた「かまぼこ」風や、加熱前のすり身もファンランではよく売っていたので、魚の練り加工食品全般が名産扱いなのかもしれない。

チャー・カーが麺の上に乗ったバイン・カインはスープも魚系のだしが効いていた。さらに、いっしょに売っていたのでつい頼んでしまった生春巻き「ゴイ・クォン」。ライスペーパーに包まれた中にはチャー・カーが透けて見える。生春巻きもいろいろあれど、さつま揚げを巻いた「ゴイ・クォン・カー」はなかなかほかの土地では食べられないファンランの名品らしい。バイン・カインに続いて、これも地元民が認める正しく美味しい〝ダックサン〟なのであった。

美ら海の新顔名物たち

塩田のすぐ前には、コバルトブルーの海と、それを囲む美しい白砂の入り江があった。最近そこでは新たな〝ダック・サン〟を目指し、とある海藻の天然養殖が行なわれている。ベトナム語で「ロン・ニョウ（ブドウ海藻）」。緑のつぶつぶが房のようになっている、沖縄特産の「海ブドウ」だ。

日越で言い回しが似ているのは偶然ではない。海ブドウはベトナムに自生していなかったので、養殖は沖縄から種を持ち込んで始められた。ベトナム人は初めて目にする海藻に日本名をそのまま訳して当てたのである。ミネラル分豊富な珊瑚礁の海では手間をかけずとも良質な海ブドウが育った。ファンランは以前からワカメなどの海草をおもに輸出向けに養殖していたが、新顔の海ブドウは日本がお得意様になるはずと期待されていた。

じゃあ日本からもお返しを。なんて誰かが考えたかどうかは知らないが、海ブドウの生産現場からほんの数キロ先に、日本が計画を請け負う原子力発電所の建設話が持ち上がった。ベトナム初にして、日本にとっても初の海外への原発輸出。東日本大震災が起きる一年前（二〇一〇年）の決定だった。

「日本人が原発を作るのだから心配ない。安心だよ」

原発予定地になった村で男が話す。彼の生業は農業。〝海〟ではない〝果物〟のブドウを作っている。これもまたファンランを含むニントアン省沿岸の昔からの〝ダック・サン〟である。ここは雨量少なく、塩作りにはいいが稲作には適さない砂地の土地。ブドウ畑は何年

もかかって広げた苦労の産物だった。原発が来れば村人全員が移住となり、見事なブドウ棚も捨てざるをえない。彼はそのことだけはたいそう残念だと語った。

しかし、急に原発計画は白紙になる。二〇一六年末、ベトナム政府は経済性と安全性の問題から原発建設の中止を決定した。経済発展著しいこの国では新しい電源開発は急務。原発は電力不足解消の切り札だった。電力の最大消費地ホーチミン市から北に約三〇〇キロの距離にあり、人口密度が低く、工業化もあまり進んでない未開発のこの場所は、原発立地で一気に大開発されるはずだった。きっと「自然」とは対立構図の「開発」だったろうが、寸でのところでその「開発」は去り、二つのブドウたちは当地で生き延びた。

再び村を訪ねて農家の男に会うと、彼の家も暮らしもまるで変わらない様子だった。アオウミガメが産卵に来る近くの砂浜も、良好な漁場で漁船が浮かぶ海も、ニンニクや小玉ネギを栽培する砂地の畑も、みんなそのまんま。男の家の裏手には村の小さな市場があって、この日もまた、明るい笑顔の女性たちがいつもどおり、当地の〝ダックサン〟であるバイン・カインを食べていた。

第4章

米と麺のワンダーランド

似て非なるベトナムならではの米料理の数々と
独特の麺食いを体感。

体臭と食欲がよどむ銀河鉄道

ミー・ゴイ……………（南北統一鉄道）

薄暗い客車内に響くのはガタゴト体を揺らす振動音と、遠くからのいびき、近くからの歯ぎしり、隣席がこく屁。もぞもぞ、ごそごそ、体の向きを入れ替え、座り直し、なんとか眠ろうと試みたが、体臭と吐息を掻き分け覚えのある匂いが漂ってきた。間違いない、「ミー・ゴイ（インスタントラーメン）」だ。腹が鳴る。目が冴える。振り返れば連結部の乗務員室で、制服姿がそれを食っていた。

*

夜を駆ける車窓の先は漆黒の闇だった。いったい自分がどこにいるのか分からなくなる風景。ハノイ発サイゴン行きの列車は星空に向かって走っている。

ハノイ駅を夜中に出てサイゴンに向かう統一鉄道は、ドンホイを過ぎたのあたりで最初の朝を迎えた。結局、昨夜はほとんど眠れず、ようやく朝方ウトウトしかけていたら、乗務員が菓子パン一個を持ってやって来た。いっしょに配るのは「ヌック・ドンサット（鉄道水）」と書かれた、機械油でも浮いてそうな名のボトルウォーター。前ぶれなく登場の朝食だった。

ぼやけた頭で一気にパンを食い、正体不明の水を飲み、再び寝ようとしたら、今度は窓から朝日がレーザービームのように差し込んで来る。出たばかりの朝日だというのに強烈にまぶしく、いきなり暑く、もう寝ているどころじゃない。さらに、さっきの中途半端な朝食が胃だけを目覚めさせたらしく、もう少しなにか食べたい気分になり始めた。抜き差しならぬ空腹ではないが、昼飯までこのままというのはちょっとどうかと思案のしどころ。

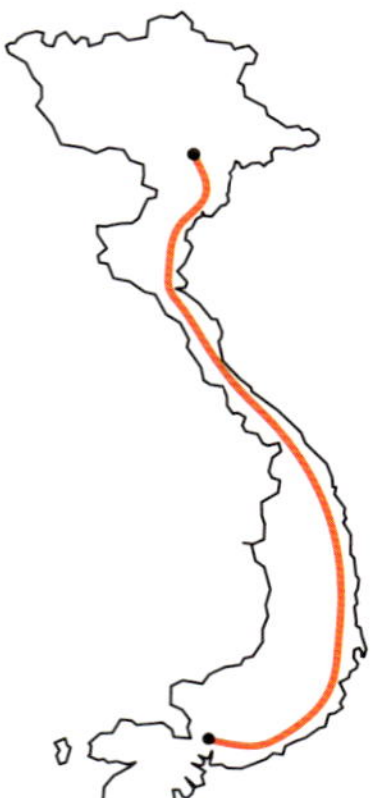

好都合に停車したダナンの駅から、揚げバナナ「チュオイ・チエン」売りが乗り込んで来た。ちょうどいいと一包み買う。一口大に切ったバナナを、米粉の衣を付け揚げた天ぷら。サクッと食べるとバナナがトロッと出てきて、おもしろい食感。ただ衣も甘く全体的にはお菓子の趣。ちゃんと食事をしているという心持ちには遠かったけれど、それでもすぐに食べてしまった。なにより後ろに座っている子供がわたしの座席シートにつかまって立ち上がり、食べている揚げバナナの包みを覗き込んでなにかを叫び始めて、なんとなく申し訳ないようで、どことなく邪魔くさいようで、早々に食べて全部を片付けてしまった。

〝エンターテナー〟が乗り込む買い食い列車

列車は駅に着くたびに物売りの襲撃を受ける。窓の外からだったり、直接乗り込んできたり。列車が走り出してもそのまま売り子が乗り続け、茹で卵や、蒸しトウモロコシや、串刺しパイナップルや、氷が溶けかけたサトウキビ水を売りつける。生きた雷魚をいきなり窓から差し入れられたり、ひと抱えほどの「ネム・チュア」（半発酵させた豚肉ハム）を押し付けられたりもする。突然びっくりする販売手法だが、これはこれで停車した駅周辺の特産品だったりするので、ここぞと大量買いする乗客も多い。

笹で巻かれた「バイン・ガイ」が気になって買い求めた。包む米の生地にヨモギのような「ガイ」の葉を練り込み、中に緑豆あんが入った草餅。真っ黒な色をしているけれど、割ると黄色いあんがのぞく。なかなか毒々しいコントラストなのだが、味は薄ぼんやり毒気はない。中部の名物だからとうっかり一〇個ほど押し付けられたので、それじゃあと近い席の人たちにも分けてあげたら、ショウガをまぶした梅干し「モー・グン」をお返しにくれた。旅先での人とのふれ合いは時に心地良いものである。しかし、人間関係とはなんとも難しい。黒い草餅もショウガ風味の梅干しもあまり人気がなく、見るとみんな食べかけたまま座席テーブルの上に残したままだ。以後、わたしの周囲では食べ物のやりとりは控え目になり、やや気まずい空気があった。

列車の旅は長い。ベトナム人が鉄道を使う場合は、ちょっと隣町へなんて短い利用ではなく、多くが遠く離れた場所への移動に使う。バスと異なり鉄道は長距離移動の交通手段という認識。特に最長の長旅なのが、ハノイ～サイゴン間でおよそ三〇時間を超えるこの南北統一鉄道である。

二泊三日。乗車している長い間に乗客は腹もへる。統一鉄道では飛行機の機内食のように朝昼晩の食事が出る。そして、基本的にする用事がない列車内においては、食事とはなににも増して重要事項だ。生理的に必要な物事なのはもちろん、退屈な時間をまぎらす数少ない娯楽。もっと言ってしまえば、それは誰にも怒られず、ただ座ってだらだら食べ続けられる、とても幸福な時間である。普段食べられない珍しい旅先の名物グルメも居ながらにして次々と現れる。だから、駅ごとにやって来る食べ物売りは大切な娯楽の提供者。乗客が心待ちにする極上の〝エンターテナー〟なのだ。

お湯さえあればどこでもミー・ゴイ

飯時に配膳される車内食は、メニューそれ自体はけっして不味くないけれど、残念ながらあまり変化がない。毎度ご飯の上に青菜炒めと豚肉の煮込みなんかが乗っかる簡単なもの。青菜の種類が変わったり、肉が三枚肉から臓物へ変わったりするものの、〝娯楽〟の程度としてはマンネリぎみでそう上位ランクにはないだろう。

しかも、盛り切りなのでおかわりは不可。量が足りない大食漢は自分で追加を調達しなければならない。物売りから買ったり、停車時間の長い駅では下車して麺なんかを食べに行く。そこはたとえ深夜であっても、列車が到着する時刻になると駅舎内に天秤棒が来ていて、いくつかの食べ物屋台が並んでいる。客を待つ鉄道の〝エンターテナー〟たちはいつもちゃんと時刻表どおりだ。

車内食にはインスタントラーメンもある。プラスチック容器のカップ麺。お湯は客室外の洗面台近くに給湯機があり、自分で入れに行く。乗務員が魔法瓶を持って回ることもある。こちらもひとり一個だけだから、十分な量の食事にならない人もいる。だいたいはすぐに食べ終わってしまって、ゴミとなったカップ麺容器をむなしく見つめるだけ。しかし、乗客の中に容器を捨てず、そこに新たなインスタント麺を入れて食べている輩がいた。

Sườn

MÌ ĂN LIỀN
Khối lượng tịnh: 65 g
Net Weight: 65 g
Sản phẩm của:
CỔ PHẦN LƯƠNG THỰC THỰC PHẨM
Colusa - MILIKET
Email: colusa@comifood.com, miliket@comifood.com
Website: www.comifood.com
MILIKET
CÔNG TY

光明

加えたのは袋に入ったインスタントラーメン「ミー・ゴイ」。さすがに、お湯はいくらでもおかわり可能だ。なかなか巧いことをする。自前でちゃんと袋麺を持ち込んでいる周到さに、カップ麺容器をリユースするエコロジカルさ。これはご立派。

用意周到なエコロジカル男が持っていたのは、エビが描かれた商品である。昨今は日本の食品メーカーも参戦し、ベトナムの即席麺市場は競争がし烈。目立つ工夫を凝らしさまざまな商品が店頭には並ぶ。一方、エビの絵柄のインスタント麺は、簡素な包装でコンパクトサイズの袋麺。小さく携帯に便利で、おそらくもっとも安い。ベトナムで昔から売られていて、「ミー・ゴイ」と言えばまずはこれを指す定番の中の定番インスタントラーメンにほかならない。

ミー・ゴイを食べる際、ベトナム人は普通は鍋で煮て作るなんてしない。どんぶりに乾麺とお湯を入れ、適当な皿で蓋をして待つ。日本の「チキンラーメン」と同じ作法。味付き細麺の、まさにインスタントタイプである。ちなみに、ベトナムでカップ焼きそばは見たことないが、このミー・ゴイの麺にお湯をかけて蒸らし、柔らかくなったところで魚介や肉、野菜などと炒め合わせる焼きそば「ミー・サオ」は作る。とにかくミー・ゴイはお湯だけで簡単に麺に戻るので、車内で食べるのにも問題がない。

そんなミー・ゴイを食べる男を感心して眺めていたら、目が合った。すると彼はおもむろに鞄をまさぐり、エビの絵の袋を一つ取り出し、こちらに渡す。

「アン・ディー（食えよ）」

渋く一言。旅先での人とのふれ合いは、時に心地良いものであるとシミジミ思った。

全長一七二六キロメートル。夜と朝を二回繰り返し、ようやく統一鉄道が終着駅に近づいてきた。待ちきれない人々は荷物を手に狭い出口に殺到する。

ゆるゆるとサイゴン駅に滑り込む列車。汗と脂と埃にまみれた乗客がドッと吐き出され、セオムやシクロが待ち受ける駅の出口の向こう側には、いくつも湯気が立ち上っているのが見えた。荷を抱えた男女が背中を丸めてゆっくりと、駅前麺屋台の美味しそうな湯気へと歩いて行った。

壺酒から飛び出したミスユニバース

ズオ・カン……………………（**バンメトート**）

ベトナムは世界第三位の米輸出国だが、コーヒーの輸出国としてもブラジルに次ぐ世界第二位。そんな知られざるコーヒー大国ベトナムにあって、中部高原の町バンメトートは国内最大の生産拠点だ。しかし、この地でチューチューとストローで吸い飲んでいたのは、「カフェ・ダー（アイスコーヒー）」だけではなかった。

＊

ベトナムがコーヒー生産でいまひとつ世界的知名度がないのは、栽培しているコーヒーが主にインスタントコーヒーなどの加工用に使われる「ロブスタ種」だからだ。しかし、こちらだけなら世界で四割以上のシェアを占める。なので、たとえアメリカの世界的飲料メーカー「ネスカフェ」にしたって、もはやベトナムに足を向けて寝られない。バンメトートでは二年おきに「コーヒーフェスティバル」という催しが開かれるけど、ネスカフェは会場に最大級のブースを作ってこの内外のコーヒー関係者が集う祭典を盛り上げていた。

七回目（二〇一九年）のコーヒーフェスティバルのスペシャルは、なんといっても広報大使に地元出身のヘン・ニーさんが就いたことだろう。前年にミスユニバースベトナム代表に選ばれ、同年末の世界大会ではベトナム過去最高のトップ5入り。「英語が話せない」とアメリカ代表が揶揄し〝炎上騒動〟になったことで注目されはしたが、ショートヘアーで褐色肌の、その彼女の凛とした佇まいは従来にはない新鮮な美しさと大絶賛。〝炎上騒動〟後の賢明な対応も世界に好感を与えた。

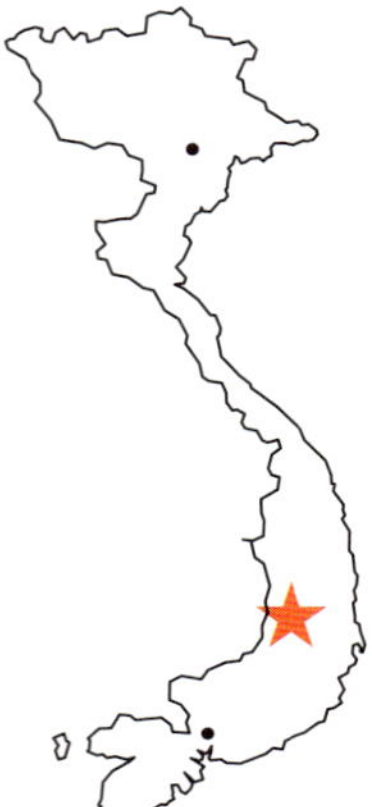

一躍、時の人になったニーさん。ベトナム国内では以前から、少数民族初のミス代表として話題になっていた。コーヒーフェスティバルの期間中、民族衣装をまとった彼女は巨大看板になって市内のあちこちで見ることができた。会場でも彼女の出身であるエデ族の民族衣装を着たスタッフがうろうろ。少数民族の生活をモチーフにした販売ブースもいくつか。ニーさん人気にあやかろうとしたのだろうが、狙い通りに大盛況である。ネスカフェも同様の少数民族シフトで、主役はコーヒー自体ではなく、ニーさんや少数民族といった感じである。でも、知っていて欲しい。バンメトートはダクラク省の省都で人口三〇万人ほどの都市でありながら、少数民族が中心部でキン族と混ざって暮らす珍しい場所。ここは「コーヒーの町」になるはるか前から、「少数民族の町」という顔がある。

　市内にはエデ族やムオン族などの住居が散らばり、郊外に出ればすぐにさまざまな民族の村に出くわす。伝統的な生活をいまも続ける人たちは少なくない。そんなひとつ、町から五〇キロほど離れたエデ族の村。高床式の木造家屋の中では、ポスターの中で微笑むニーさんと同

じ民族衣装を着た男女が壺に細竹をさしてなにかを飲んでいた。コーヒーではない。暗い板間に座る人々の前に置かれた「ズオ・カン」（地元では南部発音で「ルオ・カン」）。壺の中で醸造され、そのまま壺より吸い飲む米の酒である。

「タイグエン（西部高原）」のプライド

ズオ・カン造りは米を炊くことから始まる。炊いたご飯に麹を加え、籾殻などとともに壺に詰め、十分にアルコール発酵したら飲む直前に水を注いで完成。仕込みの手間はシンプルである。

麹もご飯に天然の菌を繁殖させた、いわゆる米麹を使う。米を原料に米麹で醸した醸造酒。ズオ・カンは基本的には日本酒と同じだ。ちなみに、ベトナムは大豆で味噌も造るが、こちらも使う麹は米麹である。麦麹でも豆麹でもなく、ベトナムにある味噌は日本で言うところの米味噌になる。米は醸造世界においても、ベトナムではとても大切な役割を果たしているわけ。

しかしながら、米を初めとした穀類やブドウなどの果

実といった糖質を含む食材は、放っておいても麹がなくてもアルコール発酵は起こる。人の手が加わわらなくても、自然環境に住み着く微生物の働きで糖は分解され、発酵し、次第に酒へと変化する。人類はことさら「醸造」を知らずとも酒と出会い、少数民族が住む山にも太古から酒は存在し、人々はたしなんできた。

自然の摂理。だが、自然が生み出す不思議な飲み物。その昔、アラブの偉いお坊さんが恋を忘れた男にコーヒーを教えて魅了したらしいが、酒の誕生と、酒精がもたらす酩酊の神秘はコーヒーの比ではなかったろう。ベトナム中部、チュオンソン山脈に抱かれたタイグエン地方の人々はそれを神が与えし恵みと考えた。やがて神のために酒を造り、神に酒を捧げ、神に感謝しながら皆で飲むことが暮らしの一部となる。そして、中の米が酒に変わっていくズオ・カンの壺にも、彼らの魂と神が宿っていった。

肝心の味はというと、日本酒よりもやわらかく、赤ワインより渋みがなく、飲みやすい一方でパンチもない。籾殻を入れるからなのか、ほのかに特有の風味と色が付いている。この酒をユニークなことに、竹で作った吸水管を使って飲む。壺には複数の人がそれぞれの〝ストロー〟をさし入れ、老も若も男も女もみんないっしょに、いちどきにチューチューと吸い込むのである。仲良しカップルがごとく、仲良し村人が同じ壺の酒を分け合う穏やかな飲酒風景がそこにはあった。

タイグエンに住むエデ族などの少数民族は母系社会である。結婚すると夫は妻の家に入り、子供は母の姓を名乗る。さらには娘に新しい家族が出来ると別居を構えるのではなく、従来の家屋を増築して同居するのが伝統だ。外国人から「ロングハウス」と呼ばれ、ときに家が数十メートルの長さになるのは、家族が増えるたびにいっしょに暮らす慣習ゆえ。長い家は女性中心の大家族制度そのものであり、女性たちはそこで子を産み育て、神が宿る壺酒ズオ・カンを作り、堂々の飲み手となる。

ベトナム人は彼らの家を「ニャーサン（高床の家）」と呼ぶ。外に出て、その背丈ぐらいの高さの床から板階段を使って降りた。手を添えるちょうどいい場所に、ちょうどいい大きさの乳房が二つ。板階段に彫られたお椀型のレリーフだった。母系社会の象徴として、エデ族の家ではよく作られるものらしい。

「おお、ミスユニバース！」
乳房の板階段を降りて見上げたら、さっきまでズオ・カンをいっしょに飲んだ女性たちが立っていた。偉大なる母。偉大なる女性。魂と神はここにも宿っている。

まだまだ続くよ高原グルメ

バンメトートの街中に戻って飯を食う。昨日はムオン族が経営する店でカエル鍋と竹筒飯「コム・ラム」だったので、ちょっと麺でもすすろうか。街角で目に入ったのは「ブン・ドー」の文字。トマト入りの赤いスープが「ドー（赤）」の名の元で、少数民族とは関係なく、バンメトートあたりの名物麺だそうだ。前夜のカエル鍋にもトマトが入ってたし、タイグエンあたりではなかなか汁物へのトマト使いが巧みだ。

　近くにはこれまた麺料理「バイン・カイン」の店。ただし、看板には「ボット・ガオ（米粉）」と添えられている。普通、バイン・カインの麺は米粉にタピオカ粉を混ぜるが、こちらは米粉十割。米粉のバイン・カインは中部でも海沿いのダナンあたりで見かけることが多いので、高原と言えども海まで一〇〇キロあまり、少数民族以外のバンメトートはなんとなく中部の食文化と重なる。ツルモチ食感のタピオカ入り麺に比べてやや歯ごたえのある麺。カー・ロック（雷魚）の具と出汁で美味しくいただいた。

　ご当地酒とご当地麺も食ったことだし、さて、国の真ん中にいる地勢ならではは、これからどこに行こうか思案のしどころ。東に行けばニャチャン。ビーチリゾートである。南に行けばダラット。高原の避暑地である。北に行けばコンツムやプレイクと、さらなる少数民族探訪になるだろう。

　コロッと心のサイコロを振ってみたら、迷ったあげく出た目は南だった。ダラットか。まだまだ高原か。そうと決まれば「アティソ（朝鮮アザミ）」のスープや、高原レタス満載の麺類や、豚肉を入れた焼きライスペーパー「バイン・チャン・ヌン」なんかのダラット美味たちを思い出し、腹が鳴る。その先の街道沿いには素焼きの陶器で米を炊いた、おごげが香ばしい名物「コム・ニェウ」だって待ってるなあ。胃袋の羅針盤はいつしか、そんな米、麺の方角を指していた。

CHỢ ĐÀ LẠT

ライスペーパーはアオザイである

バイン・チャン…………（タイニン）

インターネットの旅行サイトを見たら、数あるベトナム観光地の中で「クチの地下トンネル」が人気ランキング一位に輝いていた。サイゴン郊外にあるベトナム戦争の戦跡。告白すると、わたしは行ったことがない。悪いのは「バイン・チャン（ライスペーパー）」である。あの〝スケスケ〟のせいで、ベトナム随一の観光名所をいまだに見られずにいる。

*

クチのトンネルにはなん度も行こうとした。だけど、そこに向かう道中にバイン・チャン作りの村があって、美味いバイン・チャンで巻いた料理なんか食っちまうと、腹が膨れてトンネルはきついヨ、また今度だヨ、となる。

まあ、あんまり後悔はしてないけど。

もし後悔があるなら、タイニン省まで足を伸ばしていないことだ。クチの北に隣接するタイニン省チャンバンは、ベトナム戦争時にナパーム弾から逃れる人々を撮影した有名な写真「戦争の恐怖」の現場、といった正しい訴求力もなくはないのだが、そんなことより行くとちょっと珍しいバイン・チャンがある。そりゃぜひ食いたいってものである。

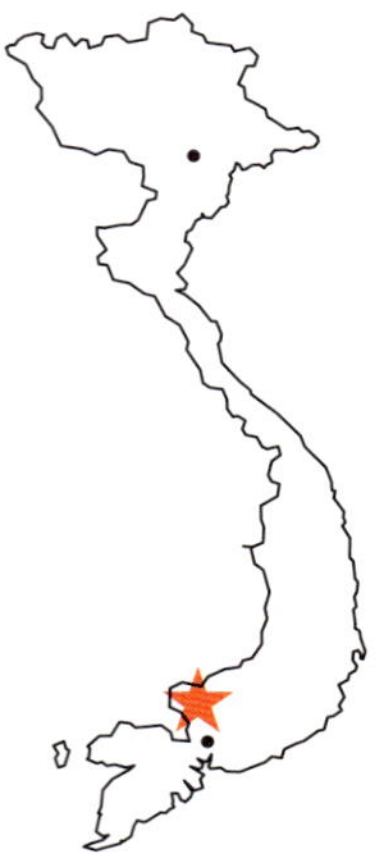

通常のバイン・チャンはパリパリに乾いていて、食べる際には水に浸して、柔らかく扱いやすくしなければならない。しかし、チャンバンあたりで作るその名物は、最初からしっとり柔らかく、しなやかに曲がり、そのままでも食材を巻きやすくなっている。「バイン・チャン・フォイ・スォーン」。屋外で霧に干す（フォイ・スォーン）

工程があることでそう呼ばれる変わり種であり、豊かな味わいを持つバイン・チャンだ。だから、食べる際にはそっと言いたい。夜霧よ今夜もありがとう。

水に浸さなくてもしっとり柔らかいのは、バイン・チャンがあらかじめ水分を含んだ状態になっているからだ。そのためにチャンバンのバイン・チャン作りではいくつかの工夫を凝らす。ひとつが干し上がったバイン・チャンを日が落ちた屋外に出し、夜露にさらすこと。外気の湿り気をバイン・チャンに吸わせるのである。また、バイン・チャン自体へも水分の吸収と保水を高める加工を施す。生地を蒸し干した後、バイン・チャンはさらに炙られて、軽く膨らんだ内部には気泡の隙間が作り出される。焼き過ぎない絶妙な炙り加減。半透明から乳白色を帯びるこの時の色の変化が、バイン・チャン・フォイ・スォーンの特長であり、美味の証明となる。

米に包まれる幸福

バイン・チャンの食べ方の多くは「包む」「巻く」である。細く切ってほかの食材と和えたり（「バイン・チャ

ン・チョン」）、ネギや卵を乗せて焼いたり（「バイン・チャン・ヌン」）、中部ホイアンなら焼いたものと蒸したものをサンドして食べる（「バイン・ダップ」）が、たいがいのバイン・チャンの行く末はなにかを包み巻き込んだ姿へと結実していく。

それでは毎日毎日ただひたすらに、バイン・チャンはベトナムでなにを巻き続けているのだろうか？

クチトンネルへの行く手を阻む最大の敵は、巻かれた豚だった。パリパリで水濡らしが必要なバイン・チャンでも、しっとりしたバイン・チャン・フォイ・スォーンでも、クチからチャンバンにかけてはもっぱら茹でた豚肉を包んで食べさせてくれた。ご馳走になるのはバイン・チャンを作っている家や工房なので、供されるのは製品の良さを知った上での最適な食べ方なはず。皮付きの豚肉に、たっぷりの香草と野菜。ヌク・マムベースのタレ。極上のバイン・チャンは巻き放題、食い放題。それを腹いっぱいまで味わわない選択肢なんて、いったいどこにあるものか。

茹で豚以外にもバイン・チャンはベトナム全土でさまざまなものを巻いている。肉類、魚介類、野菜に、調理済みのオカズたちも巻いて食べる。煮魚やエビ天ぷらや、鍋の具だって引き上げてバイン・チャンに包んで食べる。大好きな米も巻いちまう。肉と野菜といっしょに巻かれるのは米の麺ブン。そして、それをオカズにご飯である。米を米で巻いて米を食うという、口中、幸せの米三態そろいぶみだ。

なんでも巻くし、なにを巻いてもいいのだが、重要なのは食べる直前に自分で巻くことである。薄いバイン・チャンはひとたび水分を得ると、すぐにふやけてヘタってしまう。具から出る水分にも弱いので、巻いたら時間を置かずに食べたい。なによりも作り置きしないことが、バイン・チャンで巻く料理を美味しく食べる最大のポイントになる。

だから、レストランメニューになっていて、皿の上で巻かれた状態で出される生春巻き「ゴイ・クォン」は、バイン・チャンの食べ方としては実は多数派ではない。ベトナムの家庭では卓上に置かれたバイン・チャンをそれぞれ自分で湿らせて、自分で具材を巻き、すぐに手ずから食べるのが普通。フニャフニャ皮のゴイ・クォンは、普通は美味しくない。

「きれいに巻ければ美味しさも増しますよ」

バイン・チャン職人のオネーさんが、わたしの適当勝手な作法を見かねて、お手本に巻いて作ってくれた。欲張って具をたくさん入れず、さりとてスカスカ貧そでもないオシャレな巻き具合。豚肉の赤と香草の緑がほんのり透けて見えて、とても美しく、美味しい。前言撤回。自分じゃなく誰かに巻いてもらっても、そこは大いに結構である。

巻き込み透けるベトナム

揚げ春巻きは北部では「ネム・ザン」で、南部では「チャー・ヨー」と呼び名が変わる。違いはほぼない。ライスペーパーで豚ひき肉などを包んで揚げたものであり、北部のものは大きく、その大きさの分だけ揚げ春巻きは北の人のほうが好んで食べるようだ。

南のほうが頻繁に食べる「ボー・ビア」は、同じ名前でも南北で味が異なる。ハムや卵焼きをバイン・チャンで巻いたしょっぱい味の南部に比べ、北部ではバイン・ダー（ライスペーパーの北部での言い方）で水飴やココナツを巻いた甘い味。どっちも露店で売るB級グルメ。正統は南北どちらか分からないが、大本は中国にある「薄餅（バオピン）」なのだろう。小麦の薄皮で巻く料理文化をしっかり米食材に変えて使ってしまうあたりが、呼び名や味の違いうんぬんよりも際立つベトナム性だと思う次第だ。

蒸して作るバイン・チャンとは違い、米粉汁を薄く揚げ焼きにしたのが「バイン・セオ」である。米粉をココナッツジュースで溶き、ターメリックで少々の色付け。フライパンで丸く焼きながら、豚肉やもやしを乗せて、最後は半分に折り完成。「ベトナム風お好み焼き」なんて言われ方もするが、あえて乗っかるなら広島風のそれに近い。

このバイン・セオもまた、包んで、巻いて味わう米の料理だ。食べ方は、小さくちぎったバイン・セオをレタスなどに乗せて包みいただく。シャキッとした葉野菜の中にパリッとした米粉の生地があり、さらに内側からはジュワッと蒸し焼きになった肉と野菜。今度の口中は米を挟んで三態の食味が混ざり合う。人によってはこのバイン・セオもライスペーパーで包みたがる。もはや食感

の異なる米と具材のミルフィーユ。バイン・チャンがみんなを巻き込んで、もう出口が見えない味覚の迷宮へのいざないだ。

ところで、学生の制服にもなっている白いアオザイのことは「アオ・チャン」と呼ばれる。バイン・チャンの「チャン」も、この「白＝チャン」かと思ったら、「薄くひきのばす」という意味らしい。カタカナで書くと同じだし、白く薄く清楚なアオ・チャンとバイン・チャンは、ついつい混同してしまいがち。う〜ん、気分的には積極的に混同したい。なんと言っても両者のちょっと〝スケスケ〟な部分は、ほかに類を見ない、追随を許さない共通の魅力だ。熱帯の日差しの下でこんなに美しくベトナム人を包み込む民族衣装はないし、熱帯に育ったベトナムの食べ物たちをこんなに美しく美味しく包み込む食材はない。

夕刻、タイニンの田舎町に突然のスコールがやって来た。校門を出たばかりの白いアオザイの高校生たちが慌てて自転車で走り去る。雨に濡れたアオザイが、一瞬、肌の赤みを透かし見せた。

豚肉を包んだバイン・チャンが喰いたくなった。

カニ御殿で春雨をすする

ミエン……………………（サイゴン）

サイゴンの町中に「マングローブガニ」を看板メニューにし、いたく有名になった料理店がある。名物はもちろんカニをふんだんに使った料理の数々。でも、あえてここで食べるべきは春雨である。麺のように、いや、麺としていただく春雨。汁麺でも炒麺でもいい。そのカニのエキスを吸い込んだ透明感のある春雨麺「ミエン」は、ちまたの噂をも吸い込んだ一杯なのであった。

*

昼の渋滞にしては度が過ぎていた。先を見れば街路樹が根こそぎ倒れ、大通りチャンフンダオの半分以上を塞いでいる。かなりの巨木。これじゃあそうそう前には進めない。

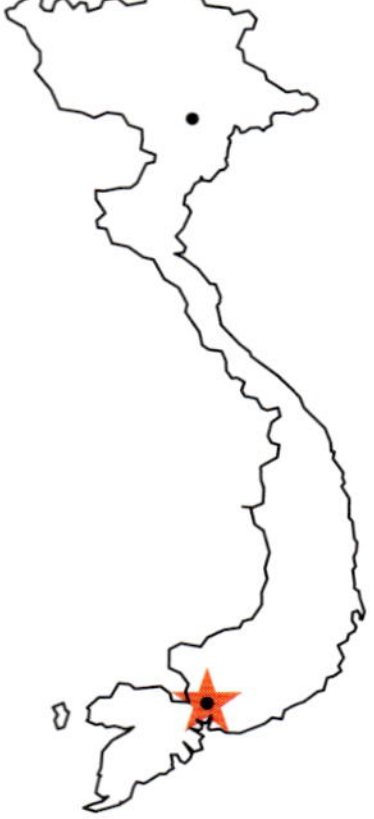

チャンフンダオ通りだけじゃない。この日のサイゴンの街はあっちこっちでテンヤワンヤ。行く先々で大小の街路樹が折れ倒れ、それを片付けるための作業でまた道が塞がれてしまう。

倒れた大木は植民地時代に植えられ、あまたの戦火にも耐え残った由緒正しき街路樹たちだ。それがバタバタなぎ倒されるほど昨日の暴風雨は激しいものだったのか、はたまたコンクリートで固められた最近の街は見た目より脆弱になっているのか。いずれにせよ、市街地がこんなテンヤワンヤになっているなんてまったく想像だにしなかった。前夜まで滞在していたのはホーチミン市の中心部から車で二〜三時間のカンザー地区。行政区分はまだまだホーチミン市内であるにもかかわらず、テンヤワンヤとは無縁の天気。たしかに現地もやや強い雨が降っ

てはいたが、大木が倒れるほどの強烈な風なんてまるで感じなかった。

「まさにマングローブのおかげ！」

いっしょにカンザーから戻った御仁が言う。「マングローブ」とは海岸の汽水帯湿地に生える樹木群のこと。たこ足に根を広げ、海岸線の土地を台風などから守る「海の森」としても知られる。カンザーはマングローブの生い茂る村であり、実際、目と鼻の先のサイゴン中心部が嵐に見舞われていても、カンザーはマングローブのおかげで穏やかな夜だったのである。防風林としてのマングローブの力量を目の当たりにし、長年現地で植林活動を続けている御仁はしたり顔。

「やっぱり街を守るためにはコンクリートより、木を、マングローブを植えたほうがいい」

もうひとつのマングローブの恩恵

ディンティエンホアン通りも街路樹が倒れていた。さらに倒木が電線を巻き込んで、引きずられた電柱がなん本も折れ倒れている。ところどころ停電している家もあ

るようだが、ありがたい、目指す飯屋は電灯が灯り営業していた。

店の前に行くと、いつもと変わらず大量のカニがずらりと並んでいた。手足を縛られ、それでも泡を吹き吹き生きたままのカニ。この店の名物風景でもある。

「これまた、まさにマングローブのおかげ！」

先の御仁は再びのしたり顔である。今回の理由は嵐から店舗を守ったからではない。この居並ぶカニの景観が、ほかでもないマングローブによってもたらされているからだという。

店先に並び、料理に使うこれらカニは、すべて同じ種類である。日本で「ノコギリガザミ」と呼ばれるワタリガニ科の一種。生息地は主に熱帯マングローブ地帯の泥の中なので、通称「マングローブガニ」とも呼ばれる。脚肉に濃厚な味を持つこのカニを店では茹でたり、揚げたり、炒めたりしてたらふく味わえる。カニ爪の唐揚げに、脱皮したばかりのソフトシェルクラブを丸々揚げたものは大人気。カニチャーハン、カニ焼きそば、蒸しガニ、カニのタマリンド炒めなど、すべて格安値段のカニ三昧メニューである。そして、どのカニもマングローブ林で育ったマングローブの恵み。そう、ベトナムに豊かなマングローブ林があることで、われわれは存分に美味しいカニ道楽ができるのだ。

ところでカニはベトナムでは淡水産の「クア」と海水産の「ゲー」とに呼び分けられる。店のカニはクアと呼ばれているが、マングローブは淡水と海水が混じる汽水域で生育する植物なので、マングローブ地帯で獲れるカニとは正しくはクアなのか、ゲーなのか。

そんなうんちくをマングローブ再生に尽力するかの御仁に聞こうとしたのだが、彼の背後から盛大に麺をすする音がした。ベトナム人客が箸で持ち上げ食べるそれを覗き込むと、透明感のあるつやつやした春雨「ミエン」である。思い出した。わたしの最大のお目当てはマングローブのうんちくではなく、このミエンを使ったカニ春雨「ミエン・クア」だった。

麺大国ベトナムにおいては、春雨も立派な麺料理となって登場する。緑豆、もしくはイモ類のでんぷん粉から作るミエンは、煮込んでも形が崩れない、太くしっかりした春雨麺だ。ここで注文するのはカニ肉が入った温かいスープ仕立ての「ミエン・ヌック・クア」でも、カ

ニ肉と春雨を炒め合わせた「ミエン・サオ・クア」でもいい。春雨よりカニの分量が多いそれらは、カニの満足感に加えて春雨特有の歯ごたえがたまらない。カニのうま味をまとい、さっぱりしているがコクがあるミエン・クアは麺料理としても極上だし、カニ料理としても変化があって楽しい逸品。やはりベトナム人はカニ専門店であっても麺は欠かせないようだが、フォーやブンといった米の麺ではなく、あえてミエンを使うあたりに麺好き国民のこだわりが見え隠れする。

揚げ春巻きもある。具はカニの身と春雨の、ミエン・クア仕様。レタスなどの葉野菜で巻いて食べたり、小碗に入れたブンの麺といっしょに甘酢たれをかけて食べる。こちらはつけ麺「ブン・チャー」のカニ春雨バージョンといったところか。

カニ御殿の本家争い

十数年前、小さく煤けたカニ料理の店が急に大きく、立派な店構えになった。外国人向けのガイドブックに掲載されたのがきっかけらしいが、ある時からすぐ隣に同じような店がもう一軒できた。調子に乗って支店でも出したのかと思ったら、どうやら違う。すぐ近くに同じ店を並べてもしょうがないしね。聞いた噂では「骨肉の争い」ゆえの出店なのだそうだ。

外国人も押し寄せ繁盛していた店。しかし突然、身内による乗っ取り劇が起きる。理由は分からないけど、いざこざから店主が同じ経営陣の親戚に店を追い出されてしまった。そして、自分の店を失った元店主は隣に店を作って対抗し始めた、というのが事の顛末らしい。でも来る客はそんな事情は知らないし、メニューも味もたいして変わりないので、並んだ二つの店の区別も優劣もつきはしない。繁盛具合も両店まずまず同じ程度。結局、ディンティエンホアン通りには二軒の〝カニ御殿〟が仲良く並び建つようになった。

さらに勘違いを助長するのが、どちらも同じ屋号を使っていることである。住所の番地が店名になっていて、店の看板は両方とも「９４」を掲げる。後から出店した元店主の店の番地は正確には「８４」なのだが、店はかたくなに「９４」を名乗る。また、看板に添えている文言はともに「Ｇｏｃ」。本来は「根っこ」という意味で、

ようは「元祖」とか「本家」とか、どちらもオリジナルを主張しているわけである。

　そんな経緯からカニ御殿の周囲、ディンティエンホアン通りには数々の噂が渦巻く。「二つの店の店員は路上で目を合わせない」「あっちのカニはは足や爪が取れた養殖ものを使ってる」「こっちは天然物だけど輸入品」。噂話好きのベトナム人はこれも美味しい〝オカズ〟らしく、「いやいや、二軒はそもそも円満な分店だったのだよ」なんて混ぜっ返す輩もいて、もはや店の中でもウソかマコトか知れない噂話に花が咲く。

　さて、春雨麺ミエンはなにも南部だけで食べられているわけではない。ベトナムのどこでも見かける麺であり、たとえば南部にカニ春雨があるなら、北部にはウナギ春雨「ミエン・ルオン」が名物としてある。田ウナギの幼魚を唐揚げにし、ミエンの汁麺にたっぷりとトッピングしたもの。温かいスープにじんわり滲み出すウナギの滋味を、これまた春雨がちゃんと引き受けてすこぶるよろしい。「まさにミエンのおかげ!」。ミエン・クアもミエン・ルオンも、どちらもミエンという麺があってこそ。美味さは本物。不確かな噂じゃない。

麺たちのマリアージュ

ミー・ワン・タン…………（チョロン）

ベトナム最大の中華街「チョロン」は「大きな市場」という意味。現在のホーチミン市五区から六区あたりで、歴史的に華人が多く住むエリアを指すのだが、そんな名前の市場も住所も存在しない。チョロンとはあくまで通称。輪郭が曖昧で茫洋とするこの謎めく街には、奇想天外な食材の組み合わせの〝カップル〟がいた。

*

映画「愛人/ラマン」のロケ地となったサータイ市場から、アンドン市場、ビンタイ市場、さらに市場のまわりを取り囲んで密集する問屋街を歩く。たまに寺院に出くわしお祈りをしつつ、いわゆるチョロンと呼ばれるあたりを彷徨っていると、いつの間にやら飯屋街へと迷い込んでいた。

漢字の看板がチラホラ。字を見ればその店でなんとなーくなにが売っていて、なんとなーくなにが食べられるか分かるあたりに、中華街へ足を踏み入れた実感がヒシヒシ。看板に「漢方」とか「薬行」と掲げ、通りに漂う独特の匂い。近くには「鶏」の文字も見えるので、きっと鶏肉の薬膳スープ「ガー・タン」を食べさせてくれるだろうと、意を決し店内へ。

「疲れた身体にはガー・タンがいい」

そう勧められ、以前ハノイで大学の先生に烏骨鶏を使ったそれをご馳走になったことがある。彼は小柄で高齢で、でも精力的にフィールドワークをこなす「小さな巨人」。そんな不屈のベトナム人パワーにあやかるべく、このチョロンの店でもガー・タンを注文したら、ハノイ

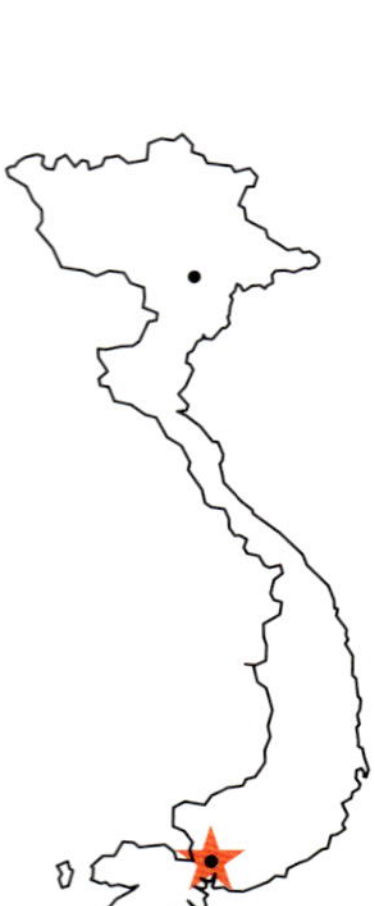

と同じ黒い色の薬膳スープが運ばれてきた。

ただ少々違ったのは、鶏肉以外の朝鮮人参やらナツメやらに混じって、見慣れない漆黒の物体が浮いていたこと。形は「ゴキブ○」に似ている。レンゲで持ち上げてもかなり「ゴキブ○」である。どうやっても「ゴキブ○」にしか見えなかった。

「四千年の歴史だからなあ。中華は奥深いからなあ。こいつも漢方の薬材なのかもしれないなあ」

と同席した友人と首をかしげていたら、店のオネーさんが置いていたドンブリをおもむろに持ち去り、目の前には新しいものが。今度は漆黒の物体は入っていなかった。オネーさんは平然としていて、自身が取った行動の理由を説明する気配はない。真相はいまだ分からないままの、チョロンの摩訶不思議な出来事。

スープが取り持つ麺の結婚

謎のガー・タンのほかにもチョロンの奥には蛇、雀、亀、豚の脳ミソが待っていた。どれも黒く、漢方薬の匂いと味が強く、滋養強壮に効果がありそうなスープ料理。そして、仕上げは「クモ」だ。「蜘蛛」じゃない。安心感に包まれて、「雲」を呑む。

雲呑（ワンタン）はベトナムでも「ワン・タン」であり、雲呑麺は「ミー・ワン・タン」となる。「ミー」は中華麺。ベトナムの街角に普通にあるメニューだが、やはり中華街はひと味違うところを見せてもらいたい。人類にとって未知なる食べ物の探究は必要だけど、よく知る食べ物について違いを見つけることは、人間の食文化の広がりが体感できる。東南アジアの中華街でおよそ食べられる雲呑麺はそのいい機会というものだ。

ベトナムの「雲」はあたかも入道雲のごときだった。皮部分は柔らかくても、具はゴツゴツボコボコしっかり詰まっていて、けっこう食べ応えがある。もちろん店ごと特色があるのだろうが、ひつじ雲のような小さくポワポワしたものよりも、エビたっぷりで大振りなワンタンを出す店がベトナム人の間ではお得だと評判がよろしいみたい。さらに、呑むワンタンの下にはすする麺がいる。思えば食感の違う二種類の小麦粉加工食品を同じスープで、しかもいっしょに食べるという新発想。やはり中華は奥が深い。

雲呑麺屋の近くには「牛肉粉」という看板があった。横には「粉麺」。アルファベットのベトナム語表記で確認すると、前者は「フォー・ボー」、後者は「フーティユ・ミー」。日本語では同じ麺類でも、中国語では小麦原料を「麺」とし、米原料は「粉」と区別するらしい。そう言われてじっくり見れば、それぞれの漢字の部首に原料名が隠れている。フォーもフーティユもどちらも米の麺（中国語だと矛盾した表現なのだろうが）なので、どちらも「粉」になるのは分かった。が、「粉麺」と書かれたものは「米麺小麦麺」となって、それはなに？

答えは簡単。そのまま二種類の麺がひとつの器に入った料理になる。白い米の麺フーティユと黄色い小麦の麺ミーが、澄んだ鶏ガラスープの中で隣り合う不思議な二色麺の光景だった。

仮に日本でそばとうどんを同じ汁に混ぜ入れて出したら、江戸っ子は「てやんでい」と怒り、浪速っ子は「ちゃいまっせ」とへそを曲げるだろう。奥深い中華の雲呑麺ですら同じ原料同士なのに、異なる素材の合わせ技をベトナムの地では堂々とやってのけてしまった。しかし、米麺と小麦麺は水と油かと思ったら大間違い。水とお茶

ぐらいなもんで、同じスープの中で仲良く寄り添い、食べれば異なる味と食感が味わえ嬉しい。いっしょにすくって口に入れても違和感なく、なんだか新感覚。フーティユ・ミーは一杯で二度も三度も楽しめる、ベトナム人が好きそうなお得感満載の麺料理なのだ。

当然のごとく、ここにワンタンを加えた「フーティユ・ミー・ワン・タン」というのもある。ワンタンの具から透けるエビの赤も備わった三色麺。また、頼めば透明感のある春雨麺を入れて、「フーティユ・ミー・ミエン」なんて完全異種三色麺も出してくれる。なんでもあり。どうでも美味い。「ワインとチーズのマイアージュがどうした」などと唸っている場合じゃない。こちらはベトナムのチャイナタウンが編み出した、幸せな麺たちの〝マリアージュ（結婚）〟。一部に重婚気味だが、それでもハッピーウエディング！

サイゴンとチョロン

一九七五年のサイゴン陥落とベトナム南北統一後に、「サイゴン」は建国の父の名前を付け「ホーチミン」と改称された。だから現在「サイゴン」は正式名ではない。だが、南部ベトナムでは外国人に「ホーチミン・シティ」なんて使っていても、ベトナム人同士、特に年齢層が上めだと「サイゴン」と言い合うのはいまも少なくない。旧名への愛着なのだろう。

ただそれとは別に、もう一つ「サイゴン」は使われる。周辺地域を統合し巨大化したホーチミン市にあって、中心部のみを指して「サイゴン」と呼ぶ場合だ。ことさら区別するのはチョロンである。華人の街チョロンに対して、古くからのベトナム人街区がサイゴンなのだと教えられたこともあった。

そんなサイゴンとチョロン。両地区を結ぶチャンフンダオ通りのややサイゴン寄りに、人気の「バイン・ミー」屋台があった。釜焼きのフランスパンの間に、豚肉やさつま揚げや酢漬けダイコン、酢漬けニンジン、香草、最後にたっぷりヌク・マムを振りかける。外見はフランス人だが中身はコテコテのベトナム人。こちらもまた越仏食材が相性よくマリアージュした品だ。

どんどんチャンフンダオ通りをチョロン方向に進めば、フランス色から中国色が強まる。どこまでがサイゴンで

どこからがチョロンかなんて分かりゃしないままに、いつのまにか食材のマリアージュは、ベトナムを象徴する米麺と中華の小麦麺が融合した例の「粉麺」世界へと変わるのである。

もっとチョロンを深く進み、少しだけ北に向かう。するといくつかの精進料理店が並んでいた。「コム・チャイ」と呼ばれる肉や魚を用いないベトナム流ベジタリアンフードで、豆腐や果実を使った「もどき」料理が食べられる。芋をライスペーパーで巻いた揚げ春巻き、大豆肉の炒め物とブン、ジャックフルーツの天ぷらは衣がさっくり米粉入り。精進料理でもやっぱり米は大活躍ということなのであった。

なぜここでいきなり精進料理かって。それは行ったコム・チャイ店が、サイゴン生まれのベトナム人主人とチョロン生まれの華人おかみさんが切り盛りしていたから。夫婦二人が作る「フーティユ・ミー」も食べた。サイゴンとチョロンの〝マリアージュ〟は美味しいものだと、最後にまた言いたかったのである。

第5章

水田の恵みは国境を越えて

世界有数の米生産国を支える
穀倉地帯メコンデルタの味わい方。

米が屋根でみのる豊穣

チャオ……………………（カントー）

日がな一日寝ている与太郎に隠居が「働け」と説教をする。「どうして?」と与太郎。「働けば金が貯まって、一生寝て暮らせる」と隠居。与太郎は起こした体をまた倒し「ならもう寝てる」。落語の小咄。しかし、目の前にいるベトナムの与太郎は、本当に働かずに寝ていた。そして、どこかで聞いたようなことを言うのである。

*

「米は勝手にみのる。寝て暮らしてたほうがいい」

メコンデルタではただ眺めていても米は育つらしい。田んぼに籾や苗を放り投げるだけの田植えに、稲が水に浸ったまま行う稲刈りなど、いたくテキトーな米作りにもかかわらず年に四回の収穫だって可能だそうだ。それを聞いていたベトナムの与太郎は真顔で言い返す。

「穫れすぎるから三回にしてるけどね」

この与太郎、普段はメコンデルタ最大の都市カントーで働いている。川で船頭をしたり、セオム（バイクタクシー）の運転手をしたり。でも、実家は少々離れたオモンの農家。稲作が盛んで、米の集積地にもなっていて、そこはもう大穀倉地帯メコンデルタのど真ん中である。なにかのついでに彼の実家に連れて行ってもらったら、地平線まで田んぼという場所に両親が住んでいた。

「ご飯を食べていきなさいね」

お母さんは川へ米研ぎに。山はないのでお父さんは田んぼへ稲刈りに。すると、ギーコギーコと川沿いの道を女子高生が自転車に乗って来ました。着ている白いアオザイが風になびいてまるで乙姫様のよう。わたしは桃太

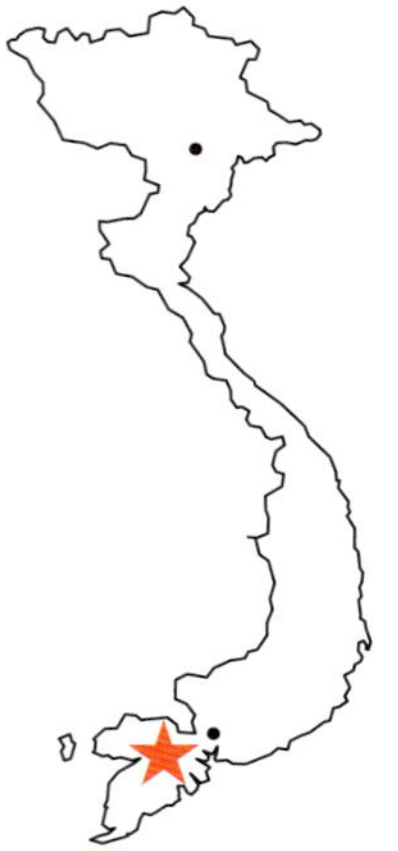

郎なのか浦島太郎なのか分からない気分でした。

そんなのんきな昔話風の風景にひたれる一方で、最近のメコンデルタには今風の景色への変化もある。農家は日本から中古農機を次々と手に入れ、農作業が機械化されるようになっていた。稲刈り機を直接日本まで買い付けに赴くベトナム人バイヤーに話を聞いたら、

「最新のハイテク機じゃなくて、昔のものがいいんですよ。自分たちで直して使えるから」

とのこと。すでにお払い箱になって納屋に眠っている古い農業機械が、いま日本の農村にはあふれている。時代遅れになったそうしたコンバインやトラクターが、ベトナムなど東南アジアの稲作地に輸出され第二の人生を送っている。日本の農村だったらすっかり昔話の風景。そうしてメコンデルタでは米作りがますます効率化し、生産力も高まり、いっそう与太郎は寝て暮らすようになりましたとさ。めでたしめでたし。

浮き稲を粥にして食う

メコン川が雨季に氾濫することで、大河の溜め込んだ栄養分が流れ広がり、肥沃な土壌を得るメコンデルタ。ここでは豊かさをもたらす川の増水とともに独特の米作りが行われてきた。「浮き稲」と呼ばれるもの。水田は常に水が張られていて、水位の上昇に合わせ稲は成長し、冠水した田の上で稲穂がみのる。この浮き稲なら、田植え機は使わずとも直播きした籾が自ら根を下に伸ばし固着する。この浮き稲だと、収穫は水に浸かっているので日本製コンバインでも刈り取りは不可能。結局、浮き稲は機械導入が必要なかったり、そもそも機械化もできない米作りなので、メコンデルタでは手刈りでの収穫風景はまだまだ多く見かける。

成長過程は手間いらずだが、膝腰まで水に浸かりながらの稲刈りは大変そう。だが、収穫真っ最中の田んぼに行ってみたら、メコンデルタのオモンの農家は案外そうでもない。

「楽なんですよ。運ぶのにも」

水田には小舟を浮かべていた。稲は刈った先からその舟に積み上げ、軽く押し運べばいい。たしかに楽チン。農家は続ける。

「浮き稲の米がいちばん美味いんです」

日本の米どころ新潟にもこの浮き稲に近い米作りをする農家がいる。知る限り日本でいちばん値段が高く、日本でいちばん美味い米のひとつだ。彼の米作りへの向き合い方は非常にストイック。失礼ながらメコンデルタのテキトーさとは対極にある。しかし、そんなテキトーな方法でもたくさん米が育つ環境が、メコンデルタの授かったなによりの恵みに違いない。

メコンデルタには〝屋根で稲がみのる〟なんて言葉があるそうだ。人の手が届かない屋根にだって稲は育ち、黙っていても大量の米が収穫できる土地。その圧倒的な豊穣が、この国をタイとインドに続く世界第三位の米輸出国に押し上げ支えている。そしていま、ベトナムが輸出する米の約九割、ベトナム全土の米生産量の半数近くが、ほかでもないここメコンデルタ産なのだ。

「ぜひこの浮き稲の米を食べさせてください」

「では、アヒルの粥にしましょう」

さすがに収穫したばかりの「この」米を食うのは無理な注文だった。ひと仕事を終えて家に帰ったオモンの農家は、隣りの田で収穫し、干し、脱穀済みの浮き稲米を炊いてくれることになった。わざわざ田んぼで飼ってい

るアヒルをつぶすのは、もてなしのご馳走のため。さらには新米の収穫を神様に報告する、祝い膳の意味合いも含んでいたようだ。

ついさっきまで生きていたアヒルが、素っ裸の丸鶏姿になって火にかけられた。ちょっとの時間差で鍋には生の米を投入。こうしてじっくり作られるアヒル粥「チャオ・ビット」だから、米は芯まで美味くなる。出来上がったらアヒルを取り出し、骨ごとぶつ切り。粥（チャオ）とアヒル肉（ビット）は別々に盛られ、まずは神棚へ。家の外の田んぼの中に建てられた墓や廟にも持っていく。そして、ようやく人間の食卓へ。並んだのはすべて大河と太陽がもたらしてくれた滋味だ。忘れてはいけない。五穀豊穣に感謝する気持ちも、美味しい食事をいただくために米の民が持つべき必要な事柄だった。ありがとう、豊作。

腹に溜まらない米の美味とは

ベトナムの米は長粒米である。日本の短粒ジャポニカ米ではなく、インディカ米。粘り気がないから強く煮込んでもノリ状になりにくく、粥にするには丁度いい。ベトナムでは水だけでシンプルに炊く白粥より、食材といっしょに米を煮込み、食材から出るうま味を米に吸わせた粥が多い。豚の臓物と血の塊が入った「チャオ・ロン」。田ウナギ入りの「チャオ・ルオン」、川魚が乗った「チャオ・カー」。珍しいところでは牡蠣粥「チャオ・ハウ」。挙げたラインアップを見ても分かるとおり、ベトナムでは粥は胃腸が弱った時に食べるものではない。味をしっかり付け、唐辛子や胡椒や香草を入れ、朝からたっぷり食べるもの。

そう、粥に限らず米とは、ベトナム人にとって〝たっぷり〟食べなければいけないものなのだ。そのためには腹持ちのいいジャポニカ米より、サラサラと胃腸に溜まらないインディカ米は適しているのだろう。朝から晩まで米をたくさん食べたいから、たくさん食べることができる米をベトナム人は選ぶ。また、粥には「ガオ・タム」という砕米が使われることもある。精米の途中で小さく割れた米粒だが、これだけを集めて普通に炊飯した「コム・タム」は、いっそう軽く食べやすいと近年、都市部で人気だ。

「なんだか分かんないけど、コム・タムだと米がいつもの三倍食えるゼ」

砕米飯に豚肉のたれ焼きを乗せた「コム・スーン」を、嬉しそうに頬張るカントーの町の若者たち。米がたくさん食べられるということ自体が、彼らにとっては大事な味わいなのである。

少し長くベトナムに滞在していると、ウンコが水に浮く。いつもではないが浮く。日本ではまずない。摂取する食物繊維や脂肪分などの差だろうが、食べている米の違いも大きいと思っている。暑くて水を多く飲む生活では、なおさら重い米より軽い米を体は欲するようになる。米粒そのものの甘さ、粘り、風味、味わいにこだわり、その重厚感こそが美味い米のバロメーターなんだよと言われれば、ベトナムの米は軽薄だ。そこで重厚な日本の米の美味さを主張するのもやぶさかではない。しかし、熱帯アジアでは、浮くウンコになる軽やかな米飯生活はすこぶる心地良い。日本に帰った途端に便器に沈んでいくそれを見たりすると、メコンデルタで食べていた浮き稲の米が、とても美味しく思い出されるのである。

〝南蛮〟からやって来た麺

フーティユ……………（ソクチャン）

カンボジアのプノンペン。白いけどツヤのない麺が骨付き豚肉とともにスープに沈んでいた。かつて似た一杯をベトナムのソクチャンという町で食った記憶があった。思いがけないプノンペンでの出会いに驚いて、食わしてくれた若い女にベトナム語で話しかけたら、彼女も驚きつつ嬉しそうに、それを「フーティユ」と言った。

*

プノンペン郊外にベトナム人の村があった。村といっても公に名前が付いてはいない。バラックのような建物がどぶ川の上に並んだ水辺の集落。少し寂しい通りに面していて、路上から見える家のほとんどは〝春〟を売る仕事をしていた。売春宿、ちょんの間、置屋などなど。表に立っているのはカンボジア人が多いらしいが、裏で取り仕切る女衒はベトナム人なのだと聞かされた。

狭い路地の奥に入ると、クネクネしたクメール文字といっしょに「Ｈｏｔ Ｔｏｃ」とか「Ｃｏｍ」と書かれた看板があり、少々のベトナム語の知識があれば、そこが「床屋」や「飯屋」なんだと分かる。女衒と同様、これもまたベトナム人たちの生業。集落にはベトナム人がわんさか住み、彼らの暮らしがたしかに存在する。ここは故郷を離れ異国で働くベトナム人たちが、いつの間にやら寄せ集まって生きている場所だった。

そんなベトナム人の村での昼下がり、床屋の軒先で三人の若い女がドンブリをガシッと掴み、しゃがんで麺料理をズルズルすすっていた。覗くと豚足が入った、少し濁りのあるスープ。

「なにこれ？」

首をかしげ尋ねたら、食いかけを差し出された。同じようにズルズルすると独特の香りが鼻を刺激する。カンボジアの調味料プラホックを使っているのか、でもここはベトナム人の村だからヌク・マムなのか。さて、どっちが入っているのか。

「調味料は知らないけど、これはフーティユよ。美味しいでしょ。クイティウなんかじゃないんだからね」

と言って、女は再びわたしからドンブリを取り返す。「フーティユ」とはベトナム南部の代表的な麺料理、「クイティウ」とはカンボジアの麺料理のことだ。無言で食べ続けた彼女はやがて食べ干したドンブリと箸を顔の前に掲げ、ニコッと笑った。言葉に出さずに黙ったまま、そのフーティユが「美味しかった」ということを見事に伝える笑顔だった。

ソクチャンの「フーティユ・ナンバン」

村に住むベトナム人たちの出身地はバラバラだ。南部メコンデルタはもちろん、サイゴン近郊や中部から来ている人もいた。その中で多く耳にした地名は「ソクチャン」。メコン川のもっとも河口にある町ソクチャンは、ベトナムでも昔からカンボジアとの繋がりが強いところだ。現在もクメール民族の人たちがたくさん定住している。

そんなソクチャンの名物麺が「フーティユ・ナンバン」だ。フーティユはベトナム南部でよく食べられているが、ソクチャンやカンボジア国境に近いエリアでは、ことさら「ナンバン」の文字が付いたりする。「ナンバン」は漢字にすると「南蛮」であり、ベトナム人にとっての「南蛮」とは南方の異民族カンボジアの人々を指す。「フーティユ・ナンバン」はいわば「カンボジア風のフーティユ」という意味。

もともとフーティユはカンボジアからベトナムにもたらされた料理とされる。だから、わざわざ「ナンバン」を付けて呼ぶのは、伝来の地の〝カンボジア〟感を強調する気持ちがこもる。ただの「うどん」じゃなくて「讃岐うどん」、ただの「そば」じゃなくて「信州そば」、といった感じか。

「ほかと同じと思っちゃ困るのよネ、うちのは本場カ

កាត់ សក់
HỚT-TÓC
2,000

ンボジア仕込みなんだよネ、ちょっとどころか大いに味が違うのよネ」

と、ソクチャンあたりのフーティユ・ナンバンはかねがね強く訴え続けているわけだ。

しかしながら、その「本場」感がどこにあるかはいささか分かりにくい。サイゴンで食べるフーティユも、ソクチャンで食べるフーティユ・ナンバンも、味はあまり変わらない気もする。

唯一、ソクチャンに住んでいるクメール人の家で食べさせてもらったフーティユは、どこかひと味違った。そこでは麺料理のスープに限らず、出された料理全般に独特の臭みを感じたのだが、どうやら使う調味料に秘密があった。聞くとベトナムの調味料ヌク・マムではなく、カンボジアで主流である川魚の発酵調味料プラホックを使っているそうだ。塩漬け海魚の浸漬水ではなく、発酵させた川魚を丸ごとペーストにするプラホックをここでは自家で作っていた。あえて言うなら、このプラホックの臭さあたりに南蛮渡来の麺フーティユの本場感が潜むのかもしれない。

驚くことにプノンペンのベトナム人村の一杯は、ソクチャンで食べたその麺の味を思い出させたらしい。舌の記憶は国境を越えて、二つのフーティユを結び付けてくれたのである。

その麺はどこから来て、どこへ行くのか

フーティユは米を原料に、生地を蒸して作る麺である。北部で発達した麺フォーと基本製法は変わらないが、決定的に違う点はフーティユには途中で半乾燥させる工程があること。フォーの麺に比べてフーティユにややコシがあり、ほんのり茶色がかっているのはこの製造工程のためらしい。ゆるく乾燥させるフーティユのその技は、はたして味への配慮から発明されたものか、保存力を高める工夫なのか。その辺のことをその辺のベトナム人に聞いたって教えてはくれない。けっして「知らない」と言わない彼らの常で、せいぜい「昔からそうなんだよ」と吐き捨てられるが関の山。なるほど「昔から」なのね、ということにして、ならばフーティユの「昔」そのものを考えてみた。

まずは中国南部。ここには古くから米を原料にした

「粿條（クウェイティオ）」という麺がある。同様にタイの麺料理には「クイティオ」、マレーシアは「クイテオ」、そしてカンボジアは「クイティウ」。もうお気付きだろう。なにをか言わんや。ベトナムの「フーティユ」も明らかにこれら中国を祖にする米麺文化の流れにある。さらに、フーティユがカンボジアから伝えられたとされる経緯を考えると、おそらくこの米麺文化の流れの最終局面はベトナムにある。フーティユとは実はさまざまな国が関わり、さまざまな民族の手を経て、ベトナムの地で最終進化を遂げた麺。ひそかに複雑な歴史的人間関係をしのばせる希有な一杯だった。

では、あらためてソクチャンで「フーティユ・ナンバン」を味わうことにする。

もしそこが自慢の〝ナンバン〟味で勝負する店だったら、隣国カンボジアから伝わった歴史をきちんと分かってあげて、

「チュンガニュ」

なんてクメール語で「美味しい」と言えば、ひょっとしたら店主は喜んでプラホックを増量サービスしてくれるかもしれない。もしも通じなかったら、

「ハオチー」

と中国語を試してみたらどうだろう。ソクチャンには多くの中国系住民もいて、粿條麺から培った華人の極意を取り入れたフーティユもあるらしい。

また、ソクチャンはフランス統治時代にインド人が多数やって来て、カレーを持ち込んだとされる。いまも香辛料を使ったスパイシーなカレーがこの地の名物として親しまれているほど。だから、ひょっとしたらヒンドゥー語の

「アッチャーカーナー」

だって通じるかもしれない。でも、最後はベトナム人が仕上げているので、

「グォン」

が結局はよろしいか。

まあ、どこでもどんな時でも美味しかった笑顔を返す。それが万国共通の「美味しい」の表現。あのプノンペンのベトナム人の村で、フーティユを食べ終わってニッコリ笑った彼女のように。

鍋料理における米の存在感

ラウ・マム……………………（チャウドック）

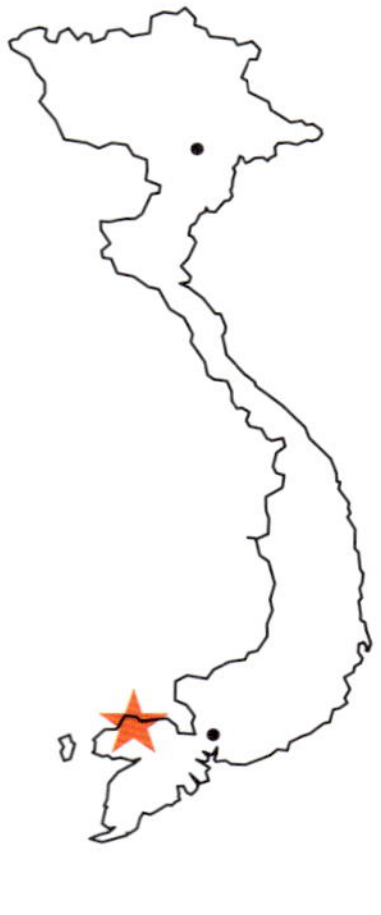

世間にはいわゆる〝鍋の〆問題〟というものがある。たくさんの具材を煮込み美味いだし汁が残った鍋料理だから、最後にご飯を加えて雑炊にするか、うどんを入れるか、はたまた中華麺にするのかは、大いに迷う永遠のテーマだ。メコン川を遡って着いた町チャウドック。インドシナの食文化を溶かし込んだ鍋料理を突っ付きつつ、〝鍋の〆問題〟を考えてみた。

*

おそらくベトナム人はこの大問題で頭を悩ますことがないのかもしれない。なんてったって「ラウ（鍋物）」とは最初から炭水化物たち、ベトナムならほとんど〝米族〟になるのだが、それらといっしょに食うものだからである。

そもそも「鍋の〆」ということ自体を理解してはいないだろう。

「なんで最後になるまで米を我慢しなきゃならないんだ」

ベトナム人はきっとそう言う。おっしゃるとおり。

「最初から鍋は美味しいんだから、最初から米を食うべきだ」

まったく異論はない。言われなくてもベトナム人はそうしている。

鍋と合わせて食べる〝米族〟には、米の麺ブンの登場場面が多い。鍋には入れず各人自分の器にブンを取り、鍋の具材と汁をかけて食べる。ご飯を鍋に入れて雑炊やおじやの類を作ることもあまりしない。ブン同様、コム・チャン（白飯）は個別に盛って鍋の中身をすくいか

けいただく。代わりに粥鍋「ラウ・チャオ」がある。さらっと薄い粥スープの中に魚や肉や野菜が入った鍋。もうあらかじめ〆られた感があって、こうなったら手出しはできない。

ブンのほかの麺類は鍋のだし汁で温めたり煮たりする。ただ、最初からは入れない。いくらか具を食べ、鍋にスペースができてから。本当は最初から入れたくてウズウズしている輩もいるが、生タイプのフォーの麺でも、半乾燥タイプのフーティユの麺でも、完全乾燥のライスペーパー麺バイン・ダーでも、中華麺ミーでも、入れると麺類はスープを吸って汁気が目減りしてしまうので、そこは少し自重をと日本の鍋奉行は思ったり思わなかったり。

考えてみると、わたしが「鍋の〆」と認識していたご飯にしても、麺たちにしても、ベトナム人にとっては「鍋の具」なのかもしれない。それもメイン食材に引けを取らない大好きな具。いるよなー、どんな鍋でもシラタキとかマロニーちゃんが好きな奴。

野菜などの具材を大皿に並べテーブルに置くときも、麺類は最初からいっしょに乗せられている。それは最後まで残しておかなくていい、いつ入れても、すぐさま入れても構わない鍋の具の一員なのだ。

ワイワイ鍋を食べ歩き

ベトナムならではの鍋物の食べ方、鍋物での米の食べ方としては、バイン・チャン（ライスペーパー）を使うことだろう。鍋から具を取り出し、バイン・チャンで包んで食べる。いっしょにブンや香草などを入れたりすることもある。めんどくさくなったらバイン・チャンを適当に千切って、鍋のスープに付けながら食べたっていい。なんとなく貧乏くさいけど、これを教えてくれたのは工事現場の飯場で鍋を食っていた上半身裸の男たち。

「オレたち貧乏だから、具は草ばっかりだよ」

などと陽気に話す彼らと、いよいよ具がなくなった鍋を囲んでその〝残り汁バイン・チャン浸し食い〟を延々続けていたら、皆とたいそう仲良しになった。ひとつの鍋をともに突っ付き合う一体感。イイなあ、鍋って。

暑い国なのにベトナム人が温かい鍋料理を好むのは、そんな楽しい食事ができるからかもしれない。そしてべ

トナム各地、家族や友人と囲む美味しいラウたちが多彩で地域色豊かに存在している。

食材豊富なメコンデルタを代表する鍋は「カイン・チュア」。名前は「酸っぱいスープ」だけど、卓上で具を煮込みながら食べると美味い鍋物である。王道は雷魚を使う「カイン・チュア・カー・ロック」だ。脂があっても身は淡白。この川魚をパイナップルやトマトといっしょに、タマリンド（梅干しに似た柔らかく酸味がある豆）が決め手の甘酸っぱいスープで煮込む。巨大な田ウナギでもいい。メコンデルタのパワーと豊かさが詰まった味である。

ヤギ鍋「ラウ・ゼー」も皆でワイワイ食べる鍋。クセなく柔らかいヤギ肉が美味い。サイゴンを中心に南部で圧倒的に人気だから、「ラウ・イエー」と南訛りで言ったほうがいいかもしれない。

「そうよ、なんせ北の人は『ティット・チョー（犬肉）』しか食べないからねえ」

サイゴンのヤギ鍋屋のオバちゃんはそう言って客を笑わす。だが、ハノイの人が犬しか食べないなんてことはない。まあ、好きな人はけっこう多くて、滋養にいいか

らと決まった日に必ず犬鍋などにして食べてはいる。

「ラウ・カー・ケオ」はドジョウ似のドジョウとは別物の魚の鍋である。ここではソイ（おこわ）を包むのにも使われる「ザン」の葉が隠し技。酸味が加わったスープは、グロテスクな見てくれながら上品な味のカー・ケオと絶妙に合う。

ほかにも酢と砂糖を入れたスープに牛肉を泳がせる〝しゃぶしゃぶ〟鍋「ボー・ニュン・ザン」、ニラやカボチャの食用花満載の花鍋「ラウ・ホア」、港町で食いたいエビカニ三昧の海鮮鍋「ラウ・ハイサン」などなどあって、ああキリがない。

うま味成分だらけの鍋

最後になってしまったが、本項の主役「ラウ・マム」である。「マム」とは発酵食品全般を指し、このマム鍋に使われる発酵食品は川魚で作る「マム・カー」だ。ただし、主菜ではなく調味料のような扱い。もともと発酵が進み身肉がかなり分解された魚を、さらに潰し、煮込み、スープに溶け込ませるように作る。姿形は消え、灰褐色の濁りに存在を残すのみだが、それでもマム・カーは完全に鍋全体を支配してしまう。豚肉に野菜にエビにキノコなんかが入っていても、どんな具材をも凌駕する濃厚なうま味をこの魚の発酵食品は有している。

マムの本場チャウドックに行くと、市場にはさまざまな魚種のマム・カーが売られていた。青パパイヤ、きゅうりといった野菜のマムもある。魚とパパイヤを細く切って混ぜた「マム・タイ」なども含めれば、その数は二〇種以上になるという。積み上がり居並ぶマムの前でマム屋の女主人が自慢する。

「サック（平たい小魚）に、チャン（ハゼのような魚）に、ロック（これは雷魚）に、リン（鯉か？）。こんなにマムがある市場はチャウドックだけ。アンザン省はメコン川の魚が獲れ過ぎるから、それを保存するためにマム作りが発達したのよ」

メコン川流域の国々には、川魚を塩漬けして作る発酵食品と、そこから抽出する液体調味料がそれぞれにある。カンボジア、ラオス、タイ、ミャンマー、そしてベトナム。特徴は微妙に異なれど、共通するのは強いうま味だ。保存目的から出発し、食品の味をも高める知恵、食文化

SUNLITE

である。ベトナムのマムは塩漬け後、炒った米を混ぜて発酵させる。発酵を早める役割と同時に、風味よく仕上がるといった、こちらも味への波及効果がある。マムはほかの食材と蒸したり、煮込んだり、潰して野菜などのディップにして食べるが、チャウドックの市場ではやはり鍋にするラウ・マムを勧められた。

「鍋の汁にブンを入れて食べるのがいい」

待ってました、鍋のメっぽい発言。でも、これは「ブン・マム」という独立した麺料理となってすでにある。たまたま鍋の最後がブン・マムになっても、残念ながらあの大問題が解決されたということではないようだ。

主菜中心に話を進めたが、具の副菜、特に野菜類にもベトナム鍋の味の秘密はある。割いた空芯菜、千切りしたバナナの花、ハスの茎（ずいき）などは、切り方も工夫して食感を変え、個々の鍋に合う演出をする。セリやヨモギや紫蘇草「ザウ・オム」といったクセのある食材も上手に使い分ける。

見た目にも美しくあしらう、このあたりのベトナム人たちの美的センス、美食的センスにはいつも唸らされる、と感心感服したあたりで鍋の項をメるとしよう。

お百姓は森でエビとモチを食う

バイン・ゾー……（カマウ）

南へ南へ、ひたすら南へ。メコンデルタをベトナム最南端の省カマウまで来ると、やや最果て感が出てくる。道を逸れると人間が減り、田畑が減り、うっそうとした森林に囲まれる。そんな熱帯雨林に足を踏み入れたら、いきなりエビの養殖池があった。水が満ちた池は、まるで田植え前の水田のよう。問うたら元はやはり田んぼだったそうだ。

＊

そこは「ウーミン」と呼ばれる場所。青いカバもギターを背負ったスナフキンもいないが、ニョロニョロに似た奴はそこらじゅうで見かける。湿地の地面から突き出すマングローブの気根だ。カマウ省の西部に広がるウーミン一帯は深い森になっていて、主要な植生にはタコ足のごとく根を生やすマングローブが占める。

彼はそのマングローブの森の片隅でお百姓をしていた。しかし、当地の水は少し塩分を含み農地に上がって来るので、稲はあまり育たなかった。そんな時、周囲にエビの養殖でひと儲けする人が現れ始め、やがてウーミンの森にはエビ養殖ブームが起こる。たいそうな「エビ御殿」も建ち並んだ。彼は米を作るお百姓を辞め、田んぼをエビの養殖池にした。足りなければマングローブの木を切り、森を拓き、新しい池を作った。

「たくさん儲かったのは最初だけ。病気でエビが死んだり、この仕事を続けるのはたいへんなんですよ」

ちょっと寂しい話っぷり。それでも親切にエビ池脇の番屋で茶を出してくれて、「こんなものでもどうぞ」と

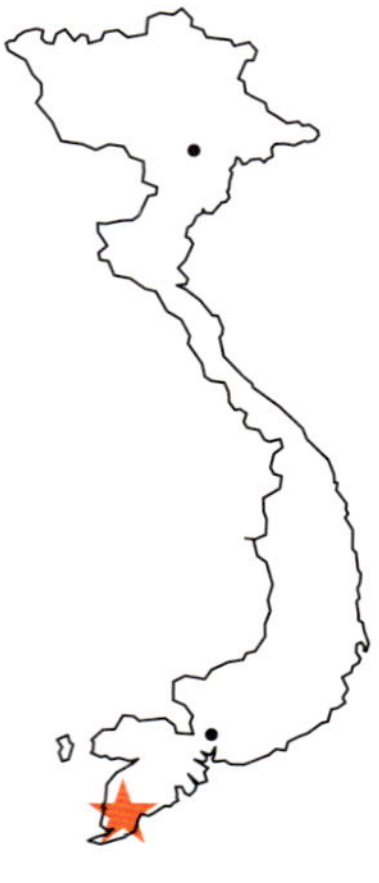

自分の朝飯の残りを差し出す。茹でたエビと、「バイン・ゾー（南部の発音ならバイン・ヨー）」だった。

そのバイン・ゾーはバナナの葉にくるまれ、竹ひもかなんかでしばられ、見た目は新潟名物「笹だんご」。でも、開くと真っ白。ブルブルとネチャネチャの間ぐらいの柔らかいモチが入っていて、豚肉とキクラゲのあんが内側に仕込まれている。仕事場の池に来る前にいくつか買って来ていたらしい。すっかり冷めてはいたが素朴で美味い。合わせてエビを食べろと言われ試すと、一気に豪華な味になった。さすが密林に「御殿」を建てさせるだけの食材だ。

バイン・ゾーはモチといってもモチ米から作る「つき餅」ではない。ウルチ米の米粉を湯に溶き、熱を加えながら練る「練り餅」だ。「バイン」は漢字に当てると「餅」。その柔らかく固まった練り餅＝バインであんを包み、ひとつひとつバナナの葉で巻き、蒸すか茹でるかして完成。手ごろな材料で、手軽に作れて、値段も安い。どこかの名物ということでもなく、ベトナム人が広くどこでも食べている米料理かもしれない。

そして、基本形が単純なものゆえに、つい人はマイ

ナーチェンジして食べたくなるらしい。形を平べったくしたり三角錐にしたり、包む葉を竹の皮に変えたり。路上で売っていたと思ったら、最近はコンビニでも売るようになった。具にうずらの玉子を入れたり、甘くしたり、南の果てでお百姓がエビと食えと言ったりと、バイン・ゾーの佇まいは意外に自由だ。

「バイン」たちを喰いまくれ

ベトナムには「バイン」が名前に付いた食べ物は非常にたくさんある。それもバイン・ゾーのような小さな自由ではなく、見ていると姿は千差万別でまったくのフリーダム状態。あれもバイン、これもバイン、それもバインなのかよ。教えてくれ、バインってなに者なんだ。それは食えば分かるってもんなのか。

まずは手近かからバゲットパン「バイン・ミー」、肉まん「バイン・バオ」、ライスペーパー「バイン・チャン」、プリン「バイン・フラン」。そして「バイン・ゾー」や、モチ米ちまき「バイン・チュン」、厚切りハムを挟んだモチ「バイン・ザイ」、蒸しクレープ巻き「バイン・クォ

ン」、ベトナム風お好み焼き「バイン・セオ」、溶けた雑煮のような「バイン・ドゥック」。原料は小麦粉も米粉もあるし、蒸したり焼いたり、しょっぱかったり甘かったりと、実にさまざまなところで「バイン」は顔を出す。いまひとつ法則性が見えない。まだ喰いが足りん！

麺や軽食にも「バイン」物は多い。タピオカ麺「バイン・カイン」、米粉汁を小皿で蒸した「バイン・ベオ」、中部名物の小型お好み焼き「バイン・コアイ」、米粉のタコなしタコ焼き「バイン・コット」、ハノイのタイ湖が有名なエビかき揚げ「バイン・トム」。菓子はもっと多い。ココナッツとバナナを蒸した「バイン・チュオイ」、緑豆の伝統菓子「バイン・ダウ・サイン」、結婚式の引き出物にも使う「バイン・スー・セー」、月餅は「バイン・チュン・トゥー」で、どら焼きは「バイン・ドラエモン」とベトナムでは言う。

ますます混迷が深まってしまった。たまには胃袋じゃなくて、脳みそを使おう。考えるヒントは、やはり「餅」にあった。中国語でも「餅」が付いた食品は多彩だ。クッキーからクレープ、ピザや月〝餅〟。餃子や蒸しパンのマントウも餅に分類される。米を臼と杵でついて作る日本人のイメージとは異なり、およそ中国の餅（ピン）類とは「小麦粉加工食品の総称」と偉い先生はおっしゃられている（中尾佐助「料理の起源」）。つまり、小麦粉を捏ねて焼き蒸し揚げたもの全部がひっくるめて「餅」と呼ばれるのだ。

これ、ベトナムのバイン類にも当てはまりそうな対象食品の広がりではないだろうか。ただそこはベトナムなので、小麦粉の部分がかなり米粉に変わってきている。だから、名前に「バイン」が付いた食べ物とは、小麦粉のみならず米粉やタピオカ粉を含めた粉モンをこねて、あれこれ調理するもののよう。ふー、もう食えん。

行事食としてのバイン

まわりが田んぼばかりの田舎で育ったが、覚えている。集落に結婚式などの祝い事があったり、季節ごとの節句になると、農家はそばを打ったりモチをついて、配り食べていた。家を新築する際の「棟上げ（建前）」には屋根から盛大にモチをまいた。農村ではモチは行事に欠かせない、ある種のご馳走だったのである。

ウーミンの森でたまたま棟上げに出くわした。「エビ御殿」なんて立派なものではなく、田んぼの横に建てる小さな家らしい。家主も混じっての数人が、マングローブの材で組んだ柱と梁だけの下で膳をともにしている。皆、笑顔。そして、手にしていたのはほかでもない茶碗に入ったモチだった。名前は「バイン・チャイ」。米粉の生地で緑豆あんを包んだ丸い団子で、ショウガの甘いシロップがかけられている。

線香を立てた小さな神棚もあって、上にはお供えモチのように丸いバイン・ザイが置いてあった。横で緑の葉っぱにくるまっているのはバイン・ゾーではなく、たぶんバイン・チュンだろう。テト（旧正月）の料理として知られるが、祝い事になるとテトじゃなくても用意するらしい。

バイン・チュンはモチ米に緑豆や豚肉を入れたちまきで、北部では四角いが、ここでは丸い俵形。名前も南部だと「バイン・テト」になる。言い伝えでは、王位継承を争う皇太子のひとりが、神のお告げによって人間の大切な糧である米からこのちまきを作り、めでたく王に就位したとある。そんな故事に由来するバイン物の中でも由緒正しいバイン物。おそらくベトナムの竈の神オン・タオに捧げるため、棟上げの日の今日、このバインたちは用意されたのだろう。

さらにもうひとつ。カマウのエビ屋の台所で出会った、珍しいバイン物を。名前は「バイン・トム」と、ハノイが有名なエビかき揚げと同じ。だが、ここカマウはエビに関してはどこにも遅れをとることがない。小ぶりのエビとイモを混ぜて揚げるなんてことはせず、ドーンと太くてデカいエビを丸ごと使う。バインの部分はスライスしたバゲットだ。楕円形に切って、二枚のパンでエビを挟んで揚げる。つなぎは米粉を水に溶いたもの。これは豪快、かつ、とても食いづらい。パン部分はたっぷり油を吸って、ジューシーですらある。

まことに惜しい。そこんところのバインをどうにか細かくパン粉に砕いてくれたらなあ、これだけのエビなんだからエビフライにして食ったらさぞやブリブリ美味いだろうなあ、などと思ってしまった。ただまあ、ベトナム産エビの最大の輸出先は日本である。知らぬ間にうちの近所の洋食屋なんかで、カマウのエビを使った〝和製バイン・トム〟を食っていたりするのかもね。

すべてを特産料理に変えるしずく

ブン・ジィウ……（フーコック島）

南の海に浮かぶフーコック島で、「この島のダックサン（特産）は？」と問えば、百人が百人とも「ヌク・マム」と答える。魚を塩漬けにして作る魚醤だが、ヌク・マムはただの魚醤ではない。日本なら味噌と醤油を合わせた以上の重要度で、ベトナム人の〝母なる調味料〟。そしてまた、ベトナムの食をつかさどるこの必須アイテムも、なんと〝米〟から作られていた。

*

イワシは海では多くの魚や海鳥の主食だ。人間も漁獲して食べ、農作物や畜産物を育てる肥料飼料にもする。資源量が豊富で、海の食物連鎖を支える大切な存在から、イワシは日本で「海の米」なんて言われ方をするけれど、ベトナムでの名前も「米の魚（カー・コム）」である。

ヌク・マムの原料にはさまざまな魚種が使われる。中でもベトナム人が最高品質と考えるヌク・マムとは、このカー・コムで製造するもの。米をこよなく愛するベトナムの人々は、もっとも好む調味料を〝海を泳ぐ米〟から作る。さすがだ。

カー・コムはイワシ類の中のカタクチイワシである。別名セグロイワシ、シコイワシ、単にイワシなどと呼ばれ、日本近海から東シナ海、南シナ海、太平洋に大きな群れをなす一〇センチ程度の小魚。フーコック島がヌク・マムの国内最大の生産地にして、国内随一の美味さと評されるゆえんは、まずは島の周囲にカー・コムがふんだんにいて、容易に大量の漁獲が可能だからだ。

さらに、漁場が近ければ獲ってすぐに加工にまわせる。

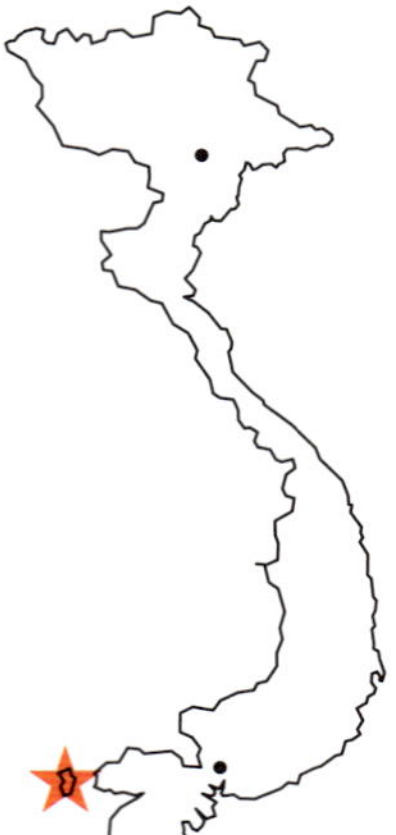

ヌク・マムは魚を塩漬け発酵させて作るが、発酵時に必要となるのが魚自身が持っている消化酵素。内蔵や身肉にあるそれは新鮮であるほどよく働く。フーコック島は原料調達から加工場の立地にいたるまで、魚醤作りに適した環境が整っているというわけ。加えて発酵に適した温暖な気候、培った経験と技術、長年醸造する工場や蔵には乳酸菌や酵母菌といった味を高める微生物たちがわんさか住み着く。すべてに渡って文句なし。

そんな島特産のヌク・マムを、フーコック島で作る料理にはすべからく使う。しかも、ふんだんに。素材も大事だが、料理は味付けひとつで出来ばえが激変する。たとえ見慣れた料理であっても、この上質絶品ヌク・マムを振りかけられると、たちまちひと味もふた味も、果てしない数まで味が違ってきてしまう。結論としては、フーコックで作られ食べる料理すべてが、もう〝ダックサン〟と言ってしまっていいヤ。

海の魚介でベトナム料理

長いこと付き合いがある島の老漁師は、イカ鍋が大好

きだった。フーコック島では漁り火漁を行い、イカもたくさん獲れる。老漁師が食べるのは朝に水揚げされたばかりの小振りのイカを、甘酸っぱいスープに丸ごと〝しゃぶしゃぶ〟する鍋。牛肉のベトナム風しゃぶしゃぶ「ボー・ニュン・ザン」の、いわばイカ版だ。イカの煮えばなをライスペーパーに包んで、ヌク・マムを付けて食べる。砂糖やニンニクや唐辛子などを入れた調味だれ「ヌク・チャム」ではない。そのままストレートの原液ヌク・マム。新鮮な海鮮なら調理は単純なほうが美味いし、島のヌク・マムに混ぜ物は野暮だ。漁が終わった昼、洗面器いっぱいにあったイカは、あっという間に消えてなくなった。

定番のベトナム料理でも、フーコック島では食材が海産物に取り代わったものにたびたび出くわす。メコンデルタのスープ料理「カイン・チュア」も、川魚ではなくアジのような海の魚を使っていた。雷魚よりアッサリスッキリ味で、これもまた美味い。鶏肉のカレー「カリー・ガー」はソクチャンが知られ、同じく肉をココナツミルクで炒め煮にするカレー風味の料理はカンボジアに近い地域で見かける。こちらもフーコックでは海の魚。メートル級の巨大サワラ「カー・トゥー（バラクーダ、オニカマス）」などで作り、ご飯やブンと合わせて食べたりする。

「ブン・リュウは美味いよ」

そう助言してくれたのは老漁師の孫だ。さっきまでイカ鍋をいっしょに食っていた若者。どうやら目の前の日本人が海産物に目がないと見透かしたみたい。老漁師に会いになん度も浜に足を運ぶのはイカ鍋が食いたいからじゃないのだけれど、そう勘違いしてもらって美味い海産物にありつけるのなら、それはそれでいい。

北部では田ガニやタニシでスープのだしを取って、具にもする麺料理「ブン・ジィウ」は、島では「ブン・リュウ」と呼び方も南部風に変わり、入っているのも海辺のカニになっていた。ワタリガニから出るだしの美味さは説明するまでもないだろう。そこにエビに魚にイカの団子なんかが入れば無敵である。

そもそも南部の〝ブン・リュウ〟は魚系のスープが主流だ。なぜかトマトを加えて少々赤く、酸味がある麺料理に仕上げる。トマトという野菜はうま味に富んだ食材で、イタリア人あたりは熱を通して天然のうま味調味料

のように使う。油分に頼らない海産物の強いコクと、トマトのうま味と酸味。フーコック島にある海産味ブン・ジィウはなかなかあなどれない。

そして、ヌク・マムだ。俗に、肉料理には岩塩、魚料理には海の塩が合うと言われる。これに倣えば、海の食材には醤油より、魚醤のほうが相性がいいことなる。ブン・ジィウどころか、新鮮な海の食材に恵まれ多用するフーコックの料理は、くしくも最高の魚醤を使ってますます美味くなっちまっていたのだ。

ベトナムの「卵かけごはん」

白飯に生卵に醤油という日本人の〝鉄板〟を、世界じゅうの人たちはしない。米と箸の国ベトナムでも、こればかりは勧めても誰も食べようとはしない。しかし、この国流の「卵かけごはん」はある。白飯と茹で卵とヌク・マム。これは日本の〝鉄板〟も一目置くべき強度だ。

日本の「卵かけごはん」はあまりのシンプルさゆえに、生卵に醤油を入れて混ぜてからご飯にかけるか、先にご飯に生卵を割り落として後から醤油をかけるか、直接ご飯に醤油をかけて上に溶いた生卵を注ぐかなど、細かい作法にどうでもいいこだわりがある。一方、ベトナムの「卵かけごはん」はまず卵を茹でること、茹でた卵をぐちゃぐちゃに潰す作業が必要。多くはそこにヌク・マムを入れ、味付きぐちゃぐちゃ茹で卵にしてからご飯にかけ食べる。特に名前もないメニュー。たぶんレストランにはないメニュー。やりたきゃ勝手にやってくれメニュー、でも美味くてたまらんメニュー、である。

この味付きぐちゃぐちゃ茹で卵だって、フーコックのヌク・マムで作れば極上品だ。島の漁師たちは夜、これに茹で空芯菜とか茹でエビを付けて食べ、酒の肴にしていた。食材にからみやすい濃度になって、ヌク・マムの尖った塩気もまろやかになる。かつて日本の漁師と船上でマヨネーズ入り醤油を付けてシイラやマグロの刺身を食っていたけれど、発想も味の組み合わせもこれに近い。米の文化と醤《ひしお》の文化を共有する人たちの舌は、求める感覚が似てくるものなのか。

共鳴する食欲のありかはまだこの島にはある。フーコック島で漁師の集落を歩いていると、潮風に乗ってヌク・マムとは似て非なる魚の発酵臭が漂ってきた。天日にさらされた干物たちである。小さなアジから大きなサワラ、マナガツオ、舌平目、タツノオトシゴなどなど。カブトガニもあったけど、これはただ打ち上がって干上がっただけか。すべてが焼いて白いご飯に合いそうな奴らだ。老漁師もたしか、イカは干物でも美味いと言っていた。

ただ現在、開発ラッシュのフーコック島。魚を獲り干していた浜辺には続々とリゾートホテルが建ち、新しく誕生した〝ビーチ〟では魚より外国人が天日に干されている。老漁師の家も移転しなければならないと聞いた。ある日、島を離れるので訪れたら、イカ好きのあのジイさんは、わざわざ別れに天日干しの小イカを袋いっぱい持たせてくれた。次に会うときに彼は、この浜にはいないのかも知れないとなぜだか思った。

帰りは夕刻の港からフェリーに乗り海に出た。土産にもらったスルメをひとつ、口の中に入れると、噛みしめるたびに美味の島フーコックに陽が沈んでいった。

本書に登場するおもな米麺メニュー

＊（　）内の数字は掲載頁

■米

〈コム〉＊米、炊飯米
コム・ガー（鶏飯・124）
コム・サオ（炒飯・90）
コム・スーン（焼き豚肉を乗せた砕き米飯・177）
コム・セン（蓮の実入り蒸し炒飯・78）
コム・タム（砕き米・177）
コム・チャイ（精進料理・166）
コム・チャン（白飯・10、186）
コム・ニェウ（おこげ飯・144）
コム・ヘン（シジミ飯・74）
コム・ラム（竹筒詰めの焼き蒸しおこわ・22、144）
コム（未熟な緑色のモチ米・47）

〈ズオ（ルオ）〉＊酒
ズオ・カン（壺入りの米醸造酒・138）
ズオ・ネップ・カム（赤米焼酎・18）

〈ソイ〉＊おこわ
ソイ・ガック（ガックの実で色付けした赤く甘いおこわ・85）
ソイ・バップ／ソイ・ゴー
（トウモロコシ入りおこわ・50）

〈チャオ〉＊粥
チャオ・ハウ（牡蠣粥・177）
チャオ・ビット（アヒル粥・176）
チャオ・ヘン（シジミ粥・77）
チャオ・ルオン（ウナギ粥・177）
チャオ・ロン（豚の臓モツ粥・177）
ラウ・チャオ（粥鍋・188）

〈バイン〉＊モチ類、粉もの
バイン・ガイ（ガイの葉を使った緑豆餡のモチ・133）
バイン・クォン（米粉の蒸しクレープ・34、197）
バイン・コアイ
（小さな米粉のお好み焼き風。フエ名物・199）
バイン・コット（米粉のたこ焼き風エビ入り・199）
バイン・ザイ（丸いモチ・197）

バイン・セオ（米粉のお好み焼き風・152、197）
バイン・ゾー（バナナの葉で巻いた米粉から作るモチ・194）
バイン・チュン／バイン・テト
（豚肉や緑豆入のちまき・197、200）
バイン・チャイ（緑豆入り米粉団子のぜんざい・200）
バイン・トム（米粉を使ったエビのかき揚げ風・199）
バイン・ドゥック（ベトナム風雑煮・39、199）
バイン・ベオ（小皿で蒸したモチ。フエ名物・199）

〈バイン・チャン／バイン・ダー〉＊ライスペーパー

バイン・チャン・ヌン
（具材入り焼きライスペーパー・144、151）
バイン・チャン・フォイ・スォーン
（霧干しライスペーパー・146）
バイン・チャン・チョン
（細切りライスペーパーの和えもの・151）
バイン・ダップ（重ね焼きライスペーパー・151）
ゴイ・クォン（生春巻き・126、151）
ゴイ・クォン・カー（さつま揚げ入り生春巻き・126）
ボー・ビア（ハムまたはココナッツ入りの生春巻き・152）
ネム・ザン／チャー・ヨー（揚げ春巻き・37、152）

〈その他〉

ガオ（稲、生米・42）
スイ・カオ（米粉皮の餃子・66）

■麺

〈フォー〉＊平たい米粉の蒸し麺、その麺料理

フォー・ガー（鶏肉入りフォーの汁麺・40、56）
フォー・サオ（フォーの炒麺・94）
フォー・サオ・ゾン（フォーのかた焼きそば・94）
フォー・ソット・バン
（牛肉と赤ワインを煮込んだフォーの汁麺・56）
フォー・ボー（牛肉入りフォーの汁麺・56、165）
フォー・ボー・タイ（半生牛肉入りフォーの汁麺・56）
フォー・ボー・チン（茹で牛肉入りフォーの汁麺・56）

〈ブン〉＊丸い米粉の茹で麺、その麺料理

ブン・サオ（ブンの炒麺・94）
ブン・ジィウ（トマトを使ったブンの汁麺・202）

ブン・ダウ・マム・トム
（エビ調味料で食べるブンの揚げ豆腐添え・30）
ブン・チャー（肉団子入りブンのつけ麺・30、160）
ブン・ドー（トマト入りブンの汁麺。バンメトート名物・144）
ブン・ネム（揚げ春巻きを乗せたブンのぶっかけ麺・30）
ブン・ヘン（シジミ入りブンのぶっかけ麺。フエ名物・77）
ブン・ボー・ナン・ボー
（炒め牛肉を乗せたブンのぶっかけ麺・30）
ブン・ボー・フエ（牛肉入りブンの汁麺フエ風・98）
ブン・マム（発酵食材マムをスープに使うブンの汁麺・193）
ブン・ムック（イカ団子入りブンの汁麺・30）
〈フーティユ〉＊半乾燥米麺、その麺料理
フーティユ・コー（フーティユの温かい和え麺・97）
フーティユ・ナンバン
（フーティユの汁麺カンボジア風・180）
フーティユ・ミー（フーティユと小麦麺ミーの二色汁麺・165）
〈ミー〉＊中華麺ほか麺類全般
ミー・クアン（クアンナム地方特有の米麺の汁麺・106）
ミー・コー（中華麺の温かい和え麺・94）
ミー・ゴイ（インスタントラーメン・130）
ミー・サオ（焼きそば・90、137）
ミー・サオ・ゾン（かた焼きそば・94）
ミー・サオ・タップカム（五目焼きそば・93）
ミー・サオ・トム（エビ焼きそば・93）
ミー・サオ・ハイサン（海鮮焼きそば・90）
ミー・サオ・ボー（牛肉焼きそば・93）
ミー・ワン・タン（雲呑麺・162）
〈ミエン〉＊春雨麺、その麺料理
ミエン・サオ・クア（カニ入り春雨の炒麺・160）
ミエン・ヌック・クア（カニ入り春雨の汁麺・157）
ミエン・ルオン（揚げ稚ウナギ入り春雨の汁麺・161）
〈その他〉
カオ・ラウ（ホイアン特有の米麺の和え麺・109、114）
ヌイ・サオ（炒めマカロニ・97）
バイン・カイン（タピオカ粉で作る麺の汁麺・122、144、199）
バイン・ダー（黒いライスペーパー麺の汁麺・58）

バイン・ダー・クア（カニ入りバイン・ダー麺・64）

■調理法

ベトナム語の料理名はおよそ「調理法」と「食材」の組み合わせで構成。本書に登場するおもな調理法名は以下。

クォン＝巻く

ゴイ＝包む

サオ＝炒める

チエン＝揚げる

チョン＝混ぜる

ヌン＝焼く

ハップ＝蒸す

ご馳走さまでした

［著者略歴］
木村 聡（きむら・さとる）
1965年生まれ。フォトジャーナリスト。新聞社勤務を経て94年よりフリーランス。国内外のドキュメンタリー取材を中心に活動。著作に『ベトナムの食えない面々』（めこん）、『千年の民〈ジプシー〉のゆくえ』（新泉社）、『満腹の情景』（花伝社）、『メコンデルタの旅芸人』（コモンズ）など。ホームページ：www.pjkimura.net

米旅《こめたび》・麺旅《めんたび》のベトナム

二〇一九年八月三〇日発行

著者 木村 聡
発行者 小野静男
発行所 株式会社 弦書房
（〒810・0041）
福岡市中央区大名二―二―四三
ELK大名ビル三〇一
電話 〇九二・七二六・九八八五
FAX 〇九二・七二六・九八八六

組版・製作・合同会社キヅキブックス
印刷・製本 シナノ書籍印刷株式会社

ISBN978-4-86329-193-5 C0026

◆弦書房の本

素顔のカトマンドゥ
日本が教えてくれた故郷

[86329-052-5] 2011.1

ラジャ・ラトナ・スタピット 来日から二〇年以上、異文化にふれて故郷のカトマンドゥの未知なる魅力を再発見。街の小さな広場の楽しさ、数々の祭り、中世の建築物、近郊の聖地、食文化をエッセイと美しい写真二八〇点で紹介。〈A5判・144頁〉**1800円**

砂糖の通った道
菓子から見た社会史

[86329-069-3] 2011.12

八百啓介 砂糖と菓子の由来を訪ねポルトガル、長崎、台湾へ。それぞれの菓子はどのような歴史的背景の中で生まれたのか。長崎街道の菓子老舗を訪ね、ポルトガルの菓子を食べ、史料を分析して見えてくる〈菓子の履歴書〉〈四六判・200頁〉**【2刷】1800円**

江戸の〈長崎〉ものしり帖

[86329-061-7] 2011.8

松尾龍之介 京都の医師が長崎遊学で見聞した風物を、当時としては画期的な挿絵入りで紹介した寛政十二年（一八〇三）のロングセラー『長崎聞見録』を口語訳し、わかりやすい解説、新解釈の挿絵を付した現代版の長崎聞見録。〈A5判・220頁〉**2100円**

魚と人をめぐる文化史

[86329-062-4] 2011.9

平川敬治 アユ、フナの話からヤマタロウガニ、クジラまで。川から山へ海へ、世界各地の食文化、漁の文化へと話がおよぶ。魚の獲り方食べ方祀り方を比較。日本から西洋にかけての比較〈魚〉文化論。有明海と筑後川から世界をみる。〈A5判・224頁〉**2100円**

【第23回地方出版文化功労賞】

鯨取り絵物語

[86329-010-5] 2009.1

中園成生・安永浩 日本の捕鯨の歴史・文化を近世に描かれた貴重な鯨絵をもとに読み解く。鯨とともに生き、それを誇りとした日本人の姿がここにある。秀麗な絵巻「鯨魚鑬笑録」をカラーで完全収録（翻刻付す）。他鯨図版多数。〈A5判・336頁〉**【2刷】3000円**

＊表示価格は税別